FITWAFFLE'S

Super Easy Backen

DIE BESTEN 3-ZUTATEN-REZEPTE,
DIE BELIEBTESTEN KUCHEN *und* DESSERTS

Eloise Head

südwest

Die allerhübschesten Cupcakes

Inhalt

Willkommen zu meinem allerersten Backbuch!

Ob Neuling am Ofen oder Backexpert*in – dieses Buch soll allen Freude bereiten, inspirieren und zeigen, wie man Lieblingsleckereien ganz einfach selbst backen kann.

Schon der Titel ist Programm: Alle Rezepte im Buch sind superleicht. Backen muss nämlich nicht kompliziert sein. Auch ohne große Erfahrung und ausgefallene Zutaten kann es richtig gut klappen. Backen soll Spaß machen und entspannen. Allzu perfekt muss es dabei nicht zugehen.

In diesem Buch findet ihr einige meiner besten Rezepte mit drei, vier oder fünf Zutaten und einige meiner unschlagbaren Favoriten, die einfach mit hinein mussten. Alle eure Lieblingsaromen kommen dabei zum Einsatz: Schokokekse mit Vanillecreme, Spekulatius, Nuss-Nougat-Creme, diverse Schokoriegel, Salzkaramell, Erdnussbutter, Zimt und vieles mehr.

Besonders danken möchte ich meinen Follower*innen und Unterstützer*innen. Ihr habt dieses Buch erst möglich gemacht. Hoffentlich macht es euch beim Lesen genauso viel Spaß wie mir beim Schreiben!

Auf den nächsten Seiten erfahrt ihr ein bisschen über mich und meine Geschichte.

ÜBER MICH

Eloise Head

Hallo allerseits! Ich bin Eloise alias Fitwaffle, totaler Foodie und bekennende Naschkatze. Am liebsten stehe ich in der Küche, teste neue Kombinationen und denke mir einfache, spannende Rezepte aus. Schon als Kind habe ich leidenschaftlich gern gebacken. Mit diesem Buch geht für mich ein Traum in Erfüllung, und ich freue mich riesig, ihn mit euch zu teilen.

Der Name meiner Website Fitwaffle enthält bereits die beiden Dinge, für die ich am meisten brenne: Fitness und Essen. Das englische **waffle** kann schlicht „Waffel" heißen, aber auch „Redeschwall", und das trifft es bei mir oft auch!

Bevor Fitwaffle mein Hauptberuf wurde, war ich in der Fitnessbranche, zuerst als Personal Trainerin, dann als Leiterin eines Fitnesscenters. Schon als Kleinkind war ich immer in Bewegung. Sport und vor allem Tanzen machte mir einfach Spaß. Meine Eltern behaupten, ich hätte keine Minute stillgesessen. Doch auch damals war ich schon ein Leckermaul. Süßigkeiten haben mich magisch anzogen. Das ist heute nicht anders. Meine Großtante war eine begnadete Köchin. Meine Schwester und ich waren oft bei ihr zu Besuch. Dann backte sie mit uns Marmeladentörtchen, Cupcakes, Kekse mit Zuckerguss, Käse-Scones und vieles mehr. Seither ist Backen für mich das Größte.

Später war meine Einstellung zum Essen leider nicht immer gut. Mit 18 hatte ich nur noch Fitness im Kopf. Ich trainierte, besuchte Kurse und verbrachte viele Stunden im Studio. Um mich „clean" zu ernähren, strich ich aus meinem Speiseplan alle verarbeiteten Lebensmittel und natürlich auch Kuchen, Schokolade, Fast Food und sogar Kartoffeln – alles Dinge, die ich bis dahin heiß geliebt hatte. Die Pfunde purzelten, aber ich verlor auch eine Menge Muskeln. Ich hatte endlose Diskussionen mit meiner Mutter und eine sehr ungesunde Vorstellung vom Essen. Bestimmte Sachen hielt ich für „gut", andere für „schlecht", aber im Grunde hatte ich keine Ahnung von Ernährung oder davon, wie mein Körper auf Nahrungsmittel reagiert.

Im Jahr darauf begann ich eine Ausbildung zur Personal Trainerin. Ich lernte viel über Anatomie, Krafttraining und Ernährung. Vor allem erfuhr ich etwas über die Makronährstoffe in unserer Nahrung: Eiweiße, Fette und Kohlenhydrate. Anstelle der alten Schubladen „gut" und „schlecht" sah ich Lebensmittel in einem völlig neuen Licht und konnte mein Essen objektiv und ohne Vorurteile besser einschätzen. Ich lernte, dass Nahrungsmittel letztlich nichts als Energielieferanten sind: Manche haben viele Kalorien und wenige Nährstoffe, andere wenige Kalorien, dafür aber viele Nährstoffe. Entscheidend ist das Gleichgewicht zwischen beiden, aber auch der jeweilige Energieumsatz.

Seit sieben Jahren esse ich wieder mehr oder weniger alles, wenn auch in Maßen. Das war die Geburtsstunde von Fitwaffle: Auf meinem Instagram-Account dokumentierte ich meinen Weg durch die Welt der Fitness und Ernährung. Von Montag bis Freitag arbeitete ich als Personal Trainerin, aber an den Wochenenden fuhren mein Verlobter und ich nach London, fotografierten leckere Burger und probierten uns durch diverse Restaurants und Streetfood-Stände.

Während der Corona-Lockdowns mussten die Restaurants schließen und wir zu Hause bleiben. Ich begann, eigene Kreationen und Rezepte auf meinem Instagram-Account und auf TikTok zu posten. Dann hatte ich die Idee für meine Seite @FitwaffleKitchen, und ich legte in meiner kleinen Zweizimmerwohnung los: Einige Laminatplatten auf dem Küchentisch dienten als Hintergrund, mein Smartphone auf einem selbst gebauten Ständer als Filmkamera. Weil wir alle uns in jenen ungewissen Zeiten so isoliert fühlten, nahm ich mir vor, Backfans und Foodies zu mobilisieren. Ich wollte ihnen etwas zu tun geben und sie bei Laune halten. Um möglichst viele anzusprechen, sollten die Anleitungen einfach und leicht nachzumachen sein.

Ich postete viele Rezepte mit 3, 4 und 5 Zutaten, die man auch im Lockdown bekommen konnte, als Mehl quasi in Gold aufgewogen wurde. Heute, zwei Jahre später, kann ich kaum glauben, dass ich hier sitze und ein eigenes Buch schreibe. Und das verdanke ich meinen FABELHAFTEN Follower*innen! Euer Feedback ist so überwältigend, so inspirierend, dass ich dieses Buch jetzt mit euch teilen darf. Dafür kann ich euch nicht genug danken!

Ihr werdet sehen, dass jedes Kapitel mit 3-Zutaten-Rezepten beginnt, gefolgt von Kombinationen von 4 oder 5 Zutaten. Nur meine „All-Stars" im letzten Kapitel sind etwas aufwendiger und benötigen etwas mehr Zutaten, dafür sind sie aber so beliebt und so köstlich, dass ich nicht auf sie verzichten möchte.

Viele sind Favoriten meiner Fans auf Instagram, TikTok und auf meinem YouTube-Kanal, plus einiger neuer Kreationen, die euch bestimmt begeistern. Bei vielen Anleitungen findet ihr unter „Auch" alternative Zutaten. Wer also keine Erdnussbutter mag oder keine Nuss-Nougat-Creme zur Hand hat, nimmt stattdessen einfach etwas anderes Leckeres.

Gutes Gelingen und viel Spaß!

EINIGE DINGE VORAB

Meine Tipps

PRAKTISCHE HELFER

- ☐ Große, mittlere und kleine Rührschüsseln
- ☐ Quadratische Backformen (20 x 20 x 4 cm)
- ☐ Runde Springformen (ø 20 cm)
- ☐ Back- bzw. Auflaufformen (20 x 25 x 4 cm)
- ☐ Muffinblech mit 6 und 12 Mulden
- ☐ Kastenformen
- ☐ Muffin-Papierförmchen
- ☐ Backpapier
- ☐ Handrührgerät
- ☐ Schneebesen
- ☐ Rührlöffel aus Holz
- ☐ Spatel
- ☐ Küchenwaage
- ☐ Messlöffel
- ☐ Ofenthermometer
- ☐ Sieb
- ☐ Küchenmaschine
- ☐ Eisportionierer
- ☐ Frischhaltefolie
- ☐ Großer Topf
- ☐ Große Bratpfanne
- ☐ Antihaftbeschichtete Backbleche
- ☐ Zuckerthermometer

DAS HÄTTE ICH WISSEN WOLLEN, BEVOR ICH MIT DEM BACKEN ANFING

Dankt mir später

- Jeder Backofen ist anders. Manche arbeiten konventionell mit Ober- und Unterhitze, andere mit Umluft, wieder andere heizen mit Gas. Je genauer du deinen Ofen kennst, desto gleichmäßiger wird dein Gebäck. Die Temperaturanzeige am Herd ist nicht immer zuverlässig. Ich empfehle deshalb ein Ofenthermometer. Wenn man weiß, dass die Temperatur stimmt, fühlt man sich einfach sicherer.

- Steht die Backform auf der mittleren Schiene, gart das Gebäck gleichmäßiger. Falls dein Backofen – so wie meiner – auf einer Seite heißer wird als auf der anderen, kann man die Form nach der Hälfte der Zeit (mit Topflappen!) vorsichtig drehen, damit der Inhalt überall gleich schnell backt. Bei Kuchen sollte die Ofentür beim Backen allerdings zu bleiben.

- Die Backzeit hängt vor allem von der Größe der Backform ab. Falls du ein anderes Format als im Rezept angegeben verwendest, solltest du die Zeit entsprechend anpassen. In größeren Formen breitet sich der Teig flacher aus und wird schneller gar, in kleineren steht er höher und braucht somit länger.

- Sinnvoll beim Backen von Keksen ist ein beschichtetes Backblech, auf dem die Kekse auch ohne Backpapier nicht anhaften. Ein normales Blech sollte man mit Backpapier auslegen, damit nichts kleben bleibt.

- Soll in einem Rezept ein Messer angewärmt werden, füllt man dafür am besten ein hohes, standfestes Glas oder eine Karaffe mit heißem Wasser (gerade so viel, dass die Klinge bedeckt ist) und taucht das Messer vor Gebrauch 5 Minuten hinein.

- Alle Mikrowellenangaben in diesem Buch beziehen sich auf ein 700-Watt-Gerät. Hat deine Mikrowelle eine höhere Leistung, stell eine mittlere Wattzahl ein und schau vor dem Ende der vorgegebenen Zeit nach, ob das Ergebnis wie gewünscht ist.

ZUTATENTIPPS FÜR PERFEKTES GEBÄCK

1

EIER

Für Kuchen, Blondies und Brownies sollten die Eier möglichst zimmerwarm sein, denn dann lassen sie sich besser in den Teig einarbeiten, und der Kuchen geht besser auf. Kalte Eier machen den Teig oft klumpig.

2

MILCH

Genau wie Eier vermischt sich zimmerwarme Milch leichter mit den übrigen Zutaten als kalte. Der Teig wird schön glatt, und der Kuchen backt schneller und gleichmäßiger.

3

LEBENSMITTELFARBE

Wenn du Lebensmittelfarbe verwendest, sollte es unbedingt eine hochwertige Marke wie Sugarflair oder Wilton sein. Farben aus dem Supermarkt sind meist zu blass, sodass man für kräftige Nuancen mehr braucht und damit unter Umständen die Konsistenz des Gebäcks ruiniert.

4

MILCHPRODUKTE

Achte bei Doppelrahmfrischkäse auf Qualität (z. B. Philadelphia) und gieß Flüssigkeit vor dem Aufschlagen ab. Bei Cheesecakes sollte der Frischkäse Zimmertemperatur haben, denn dann verbinden sich die Zutaten beim Verrühren besser und der Belag wird fester.

Crème double lässt sich gut gekühlt besser aufschlagen. Ist sie zu warm, bilden sich keine festen Spitzen. Je kälter sie ist, desto leichter und schneller geht es. Stellt man Schüssel und Schneebesen vor dem Schlagen in den Kühlschrank, bleibt die Crème darin länger kalt.

DIE HÄUFIGSTEN ZUTATEN

Neben den Standard-Backzutaten Eier, Butter, Mehl, Backpulver, Zucker und Milch findest du hier noch einige andere, die ich oft verwende (siehe auch Seite 14–15). Statt der hier genannten Marken kannst du natürlich auch andere nehmen.

- ☐ Schokokekse mit Vanillecreme (z. B. Oreos)
- ☐ Spekulatiuskekse und -creme (z. B. Biscoff)
- ☐ Nuss-Nougat-Creme (z. B. Nutella)
- ☐ Cremige Erdnussbutter
- ☐ Zimtpulver
- ☐ Karamellfüllung/Dulce de leche (z. B. Carnation)
- ☐ Reife Bananen
- ☐ Kondensmilch
- ☐ Weiße Schokolade
- ☐ Vollmilchschokolade
- ☐ Zartbitterschokolade (mind. 50 % Kakaoanteil)
- ☐ Doppelrahmfrischkäse
- ☐ Schokochips (Vollmilch, Zartbitter, Weiß)
- ☐ Schokoriegel (z. B. Snickers und Twix) und Schoko-Erdnussbutter-Riegel (z. B. Reese's), normal und mini
- ☐ Marshmallows, normal und mini
- ☐ Puffreis und Cornflakes
- ☐ Crème double
- ☐ Vollkornkekse
- ☐ Äpfel (z. B. Granny Smith)
- ☐ Backtrennspray

Karamellfüllung
Nuss-Nougat-Creme
Kondensmilch
Marshmallows
Schokokekse mit Vanille-creme

Cornflakes
Spekulatiuskekse und -creme
Erdnussbutter
Weiße und Vollmilchschokolade
Bananen

SO GEHT'S

DIE HÄUFIGSTEN FRAGEN

Backform auslegen

Eine der meistgestellten Fragen lautet: Wie und mit welchem Backpapier legt man Backformen aus? Hier meine Tipps dafür:

- **Für eine quadratische Backform** braucht man zwei gleich große Formen. Das Backpapier auf eine der Formen legen und so zuschneiden, dass es ringsum etwa 10 cm übersteht. Dann das Backpapier mit der zweiten Form in die erste Form hineindrücken und das Papier an den Seitenwänden falten. Dabei die Falten fest zusammendrücken, damit das Papier genau passt und nicht verrutscht.

- **Legt man den Boden einer runden Springform aus,** lässt sich der Kuchen nach dem Backen oder Kühlen leichter herauslösen. Dazu legt man einen Bogen Backpapier auf ein Schneidebrett und darauf den Boden der Springform. Dann mit einem scharfen Messer das Backpapier ringsum den Boden herum gerade so weit einritzen, dass man den Kreis herausdrücken kann. Alternativ kann man auch mit einem Bleistift die Außenkante der Springform auf dem Papier markieren und dann mit einer Schere am inneren Rand der Linie ausschneiden. Um einen Kuchen oder Cheesecake aus der Springform zu lösen, fährt man mit einem scharfen Messer vorsichtig an der Innenwand der Form entlang, lockert dann den Riegel und hebt den Ring behutsam über den Kuchen. Dann erst den Kuchen vom Springformboden heben und das Backpapier vom Boden abziehen.

Mehl pasteurisieren

Rohes Mehl kann gesundheitsschädliche Keime enthalten. Wird es laut Rezept nicht gebacken, sollte man es deshalb vorsichtshalber pasteurisieren.

- **In der Mikrowelle** Das Mehl in einer mikrowellengeeigneten Schüssel auf mittlerer bis hoher Stufe etwa 90 Sekunden stark erhitzen, dabei alle 20 Sekunden umrühren. Vor dem Verarbeiten auf Zimmertemperatur abkühlen lassen.

- **Im Backofen** Den Ofen auf 170 °C (Ober-/Unterhitze), 150 °C (Umluft) oder Gas Stufe 2 vorheizen. Das Mehl gleichmäßig auf einem Backblech verteilen und etwa 5 Minuten backen, dabei zwischendurch das Blech vorsichtig herausnehmen und das Mehl mischen, damit es überall heiß wird. Vor dem Verarbeiten auf Zimmertemperatur abkühlen lassen.

- **In der Pfanne** Das Mehl in eine schwere Bratpfanne geben und bei mittlerer Hitze etwa 4 Minuten unter Rühren stark erhitzen. Vorsicht, dass es nicht anbrennt. Vor dem Verarbeiten auf Zimmertemperatur abkühlen lassen.

Mehl-Backpulver-Mischung

In meinen Rezepten verwende ich eine fertige Mehl-Backpulver-Mischung, die es z. B. im Asialaden oder im Internet als „self-raising flour" gibt. Wenn du keine fertige Mischung verwenden möchtest, dann brauchst du für meine Rezepte ein Mischverhältnis von 4 g Backpulver auf 100 g Weizenmehl.

Schokolade schmelzen

Die Schokolade in etwa 1 cm große Stücke zerbrechen.

- **In der Mikrowelle** Die Schokostücke in einer mikrowellengeeigneten Schüssel auf mittlerer bis hoher Stufe in 30-Sekunden-Intervallen erhitzen, dazwischen umrühren. Wenn die Schokolade fast vollständig geschmolzen ist, mit einem Löffel glatt rühren, bis die Masse glatt ist.

- **Im Wasserbad** Hierfür braucht man einen Kochtopf und eine hitzebeständige Schüssel (am besten aus Glas), die genauso weit ist wie der Topf, aber nur etwa bis zur halben Höhe hineinhängt. Den Topf etwa 5 cm hoch mit Wasser füllen. Die Schüssel mit der Schokolade in den Topf hängen und beides erhitzen. Während das Wasser köchelt, bleibt der Dampf zwischen Schüssel und Topfwand eingeschlossen und erwärmt die Schokolade, bis sie schmilzt, dabei immer wieder vorsichtig glatt rühren.

FUDGE, PRALINEN, TRÜFFEL *und* KONFEKT

Kapitel eins

Fein, blitzschnell und kinderleicht …

Diese Rezepte standen ganz am Anfang meiner Backbegeisterung. Im ersten Lockdown waren sie für mich und viele meiner Follower*innen der Rettungsanker. Ich finde es toll, wie schnell man sie auf den Tisch zaubern kann. Die meisten davon muss man nicht einmal „richtig" backen: Du brauchst nur einen Topf und eine Rührschüssel, und los geht's. Das ist super, wenn man wenig Zeit hat oder der Ofen kalt bleiben soll! Obendrein sind es tolle Mitbringsel für Freund*innen und Partys.

In diesem Kapitel findet ihr einige meiner absoluten Renner wie **Schokokeksfudge**, **Schokokekstrüffel** und **Honigwaben** (alle mit nur 3 Zutaten) und **Spekulatiuspralinen** (mit 4 Zutaten). Einfach zum Niederknien!

Scheu dich nicht, mit den Aromen zu experimentieren, auch wenn's mal nicht auf Anhieb klappt. Langeweile kommt bei diesen Rezepten jedenfalls nicht auf, und zum Fingerabschlecken sind sie allemal!

Einer meiner Favoriten

2 ZUTATEN

GEFÜLLTE COOKIE-TÖRTCHEN

6 Stück

Weicher, warmer Cookieteig mit Schokostücken und deiner Lieblingsschoki als Kern! Die Törtchen sind im Handumdrehen fertig und passen sich deinen Vorlieben an. Als Füllung schmecken Schokokekse mit Vanillecreme, Erdnussbutterpralinen, fudgegefüllte Schokopralinen oder Nuss-Nougat-Creme.

25 Minuten

350 g backfertiger Cookieteig mit Schokostückchen
6 Pralinen (oder Kekse, nach Belieben)

01 Den Backofen auf 200 °C (Ober-/Unterhitze), 180 °C (Umluft) oder Gas Stufe 3–4 vorheizen und ein Muffinblech mit 6 Mulden mit Muffinförmchen auslegen.

02 Den Cookieteig in 12 Portionen teilen und 6 jeweils auf den Boden der Förmchen drücken.

03 In jedes Förmchen eine Praline legen. Die restlichen 6 Teigportionen auf die Förmchen verteilen und vorsichtig andrücken. Die Füllung sollte rundum von Teig bedeckt sein.

04 Im Ofen 12–15 Minuten backen, bis der Teig goldbraun ist. In der Form 15 Minuten abkühlen und dann auf einem Kuchengitter vollständig auskühlen lassen. Enjoy!

05 Die Törtchen halten sich luftdicht verschlossen 4 Tage.

TIPP:

Du kannst den Cookieteig natürlich auch selbst zubereiten (siehe Seite 241).

3 ZUTATEN • ZUTATEN • ZUTATEN • ZUTATEN •

SCHOKO-KARAMELL-FUDGE

64 Stück

Ein supereinfaches, wandlungsfähiges Konfekt. Die Karamellpralinen mit Schokoladenüberzug verlaufen im warmen Teig zu köstlichen weichen Wellen. Das Fudge sieht wunderschön aus und zergeht auf der Zunge!

10 Minuten + 3–4 Stunden Kühlzeit

1 Dose Karamellfüllung (400 g, z. B. Carnation, oder 1 Dose Dulce de leche, 380 g)
500 g weiße Schokolade, in Stücke zerbrochen
330 g fudgegefüllte Schokopralinen (z. B. Rolos)

01 Eine quadratische Backform (20 x 20 cm) mit Backpapier auslegen (siehe Seite 16).

02 Karamell und Schokolade in einem großen Topf bei schwacher bis mittlerer Hitze unter Rühren mit einem Holzlöffel erwärmen, bis die Schokolade schmilzt. Die Masse sollte dick und glatt sein und sich beim Rühren oder Schwenken von Topfboden und -wänden lösen. Ist sie noch zu flüssig, weiter eindicken lassen.

03 Vom Herd nehmen und die Schokopralinen dazugeben (10–15 beiseitelegen). Kurz unterheben. Die Schokolade sollte nicht ganz zerlaufen. Die Masse in die Form füllen und glatt streichen. Die restlichen Pralinen in die Oberfläche drücken.

04 Die Masse 3–4 Stunden kalt stellen, bis sie fest ist. Dann in 64 Würfel (2,5 x 2,5 cm) schneiden. Enjoy!

05 Das Fudge hält sich luftdicht verschlossen im Kühlschrank 5 Tage.

AUCH:

Verwende statt der Karamell-Schoko-pralinen einen gehackten Schoko-riegel deiner Wahl.

3 ZUTATEN · ZUTATEN · ZUTATEN · ZUTATEN ·

SCHOKOKEKS-FUDGE

64 Stück

Dieses cremige, herrlich süße weiße Fudge ist gespickt mit Schokokeksen mit Cremefüllung. Dies ist eines meiner allerersten 3-Zutaten-Rezepte aus der Zeit, als sich in den Läden die Regale leerten. Weiße Schokolade, Kondensmilch und Kekse gab es zum Glück aber noch. Bei meinen Instagram-Follower*innen ist dieses Fudge noch immer der Renner. Man braucht dafür kein Mehl, keine Butter und keinen Backofen. Ein genial schneller Nachtisch. Auch als Geschenk oder Party-Snack machen die Würfelchen eine tolle Figur.

10 Minuten + 3-4 Stunden Kühlzeit

1 Dose Kondensmilch (400 g)
500 g weiße Schokolade, in Stücke zerbrochen
20 Schokokekse mit Vanillecreme (z. B. Oreos), grob gehackt

01 Eine quadratische Backform (20 x 20 cm) mit Backpapier auslegen (siehe Seite 16).

02 Die Schokolade mit der Kondensmilch in einem großen Topf bei schwacher bis mittlerer Hitze unter ständigem Rühren mit einem Holzlöffel erwärmen, bis die Schokolade schmilzt und dick und glatt wird. Die Masse sollte sich beim Rühren oder Schwenken vom Topfboden und den -wänden lösen. Ist sie noch zu flüssig, weiter eindicken lassen.

03 Vom Herd nehmen und die gehackten Kekse dazugeben (eine Handvoll beiseitelegen). Die Masse in die Form füllen und glatt streichen. Die restlichen Kekse zerkrümeln und auf der Oberfläche verteilen.

04 Die Masse 3–4 Stunden kalt stellen, bis sie fest ist. Dann in 64 Würfel (2,5 x 2,5 cm) schneiden. Enjoy!

05 Das Fudge hält sich luftdicht verschlossen im Kühlschrank 5 Tage.

OSTERFUDGE

3 ZUTATEN

64 Stück

Dieses Fudge ist süß, cremig und für Ostern genau richtig. Da kann kein Naschhäschen widerstehen! Ein toller Hingucker für Partys oder als Mitbringsel fürs Osterkörbchen.

10 Minuten
+ 3-4 Stunden Kühlzeit

180 g Mini-Schoko-Eier (z. B. Cadbury Mini Eggs)
1 Dose Kondensmilch (400 g)
500 g weiße Schokolade, in Stücke zerbrochen

01 Eine quadratische Backform (20 x 20 cm) mit Backpapier auslegen (siehe Seite 16).

02 Die Hälfte der Schokoeier auf einem Schneidbrett mit dem Nudelholzgriff oder einem Löffel grob zerdrücken.

03 Die Schokolade mit der Kondensmilch in einem großen Topf bei schwacher bis mittlerer Hitze unter ständigem Rühren mit einem Holzlöffel erwärmen, bis die Schokolade schmilzt und dick und glatt wird. Die Masse sollte sich beim Rühren oder Schwenken vom Topfboden und den -wänden lösen. Ist sie noch zu flüssig, weiter eindicken lassen.

04 Vom Herd nehmen und die zerkleinerten Schokoeier dazugeben. Die Masse in die Form füllen und glatt streichen. Die restlichen (ganzen) Eier in die Oberfläche der Masse drücken.

05 Die Masse 3–4 Stunden kalt stellen, bis sie fest ist. Dann in 64 Würfel (2,5 x 2,5 cm) schneiden. Enjoy!

06 Das Fudge hält sich luftdicht verschlossen im Kühlschrank 5 Tage.

AUCH:

Lecker sind auch andere Schokoladeneier (z. B. mit Fondantfüllung wie Cadbury Creme Eggs).

3 ZUTATEN · ZUTATEN · ZUTATEN · ZUTATEN

SCHOKOLADIGE KNUSPERPRALINEN

12 Stück

Das Schokoladenkonfekt zergeht auf der Zunge und ist durch den Puffreis gleichzeitig herrlich knusprig. Superschnell und leicht zu machen: Man braucht dafür nur ein Mikrowellengerät und eine Schüssel. Kein Abwasch – mega!

5 Minuten + 20 Minuten Kühlzeit

300 g Nuss-Nougat-Creme
50 g Kokosöl (3 ½ EL)
15 g Puffreis (z. B. Rice Krispies)

01 Ein Muffinblech mit 12 Mulden mit Muffinförmchen auslegen.

02 Nuss-Nougat-Creme und Kokosöl in einer mittelgroßen mikrowellengeeigneten Schüssel auf höchster Stufe jeweils 30 Sekunden schmelzen, dabei zwischendurch umrühren.

03 Den Puffreis unter die Creme heben und vollständig damit überziehen. Mit einem Löffel in die Muffinförmchen füllen. Im Kühlschrank etwa 20 Minuten fest werden lassen.

04 Die Pralinen halten sich luftdicht verschlossen im Kühlschrank 3–4 Tage, im Tiefkühlfach 3 Monate.

AUCH:

Statt Puffreis kannst du andere Frühstücksflocken nehmen, z. B. zerbröselte Cornflakes.

3 ZUTATEN · ZUTATEN · ZUTATEN · ZUTATEN ·

ERDNUSSBUTTERPRALINEN

6 Stück

Wenn dich der Heißhunger auf Erdnussbutterkonfekt packt, kannst du in Zukunft einfach zu Hause bleiben und deine selbst gemachten Pralinen genießen. Sie sind schnell zubereitet und absolut unwiderstehlich zart schmelzend. Worauf warten wir noch?

15 Minuten + 1 Stunde 15 Minuten Kühlzeit

300 g Vollmilchschokolade, in Stücke zerbrochen und geschmolzen (siehe Seite 17)
120 g cremige Erdnussbutter
30 g Puderzucker (4 EL), gesiebt

01 Ein Muffinblech mit 6 Mulden mit Muffinförmchen auslegen.

02 In jedes Förmchen 1 Esslöffel flüssige Schokolade geben, glatt streichen und mit dem Löffelrücken an den Seitenwänden etwa bis zu einem Drittel der Höhe hochziehen. So fortfahren, bis alle Förmchen gefüllt sind. Dann das Blech 15 Minuten in den Kühlschrank stellen. Die restliche geschmolzene Schokolade beiseitestellen.

03 In einer kleinen Schüssel die Erdnussbutter und den Puderzucker mit einem Holzlöffel glatt rühren.

04 Das Blech aus dem Kühlschrank nehmen. In jeden Schoko-Cup 1 Esslöffel Erdnussbuttermischung geben und bis zum Rand verstreichen.

05 In jedes Förmchen flüssige Schokolade geben und bis zum Rand glatt streichen, bis der Erdnussbutterkern vollständig bedeckt ist. 1 Stunde kalt stellen, dann die Papierförmchen abziehen und genießen!

06 Die Pralinen halten sich luftdicht verschlossen im Kühlschrank oder bei Zimmertemperatur 5 Tage.

AUCH:

Wenn du magst, kannst du statt Vollmilchschokolade auch weiße oder dunkle Schokolade verwenden.

3 ZUTATEN · ZUTATEN · ZUTATEN · ZUTATEN ·

SCHOKOKEKS-TRÜFFEL

9 Stück

Ein herrliches Dessert, wenn du Lust auf eine zartschmelzende Süßigkeit hast, aber nicht lange in der Küche stehen willst. Diese kleinen Trüffel schmecken genauso lecker wie ein Cheesecake aus weißer Schokolade und Schokokeksen, aber mit viel weniger Zutaten und Arbeit!

15 Minuten + 1 Stunde Kühlzeit

9 Schokokekse mit Vanillecreme (z. B. Oreos)
60 g Doppelrahm-frischkäse
150 g weiße Schokolade, in Stücke zerbrochen

01 Die Kekse in der Küchenmaschine fein zerkleinern oder in einen Plastikbeutel füllen und mit einem Nudelholz zerdrücken. Die Kekskrümel in eine mittelgroße Schüssel geben. 1 Esslöffel in einem Schälchen beiseitestellen. Den Frischkäse zu den Krümeln in die Schüssel geben und mit einem Holzlöffel gründlich vermengen.

02 Jeweils 1 Esslöffel von der Masse abstechen, mit den Händen zu einer Kugel rollen und auf einen Teller legen. Mit der restlichen Masse ebenso verfahren. Es sollten etwa 9 Trüffel entstehen. Im Tiefkühlfach 30 Minuten fest werden lassen.

03 Ein Kuchengitter auf einen Bogen Backpapier stellen. Die Schokolade schmelzen (siehe Seite 17).

04 Die Kugeln einzeln mit zwei Gabeln in die flüssige Schokolade tauchen, abtropfen lassen, dann auf das Gitter setzen und mit den restlichen Kekskrümeln bestreuen.

05 Die Trüffel 30 Minuten im Kühlschrank fest werden lassen, vorsichtig vom Gitter nehmen (die Schokolade platzt leicht auf) und servieren. Enjoy!

06 Die Trüffel halten sich luftdicht verschlossen im Kühlschrank 4 Tage.

AUCH:

Weizenkekse mit Vanillecreme (z. B. Golden Oreos) und Vollmilchschokolade sind eine tolle Alternative.

LEBKUCHENTRÜFFEL

3 ZUTATEN

9 Stück

Diese Trüffel sind herrlich zu Weihnachten, aber auch für zwischendurch, wenn man Lust auf Lebkuchen hat. Die Gewürze harmonieren perfekt mit der dezent süßen weißen Schokolade und dem Frischkäse. Wunderschön als Weihnachtsdessert und ein Hingucker auf der Festtafel. Da greift jeder gerne zu!

15 Minuten + 1 Stunde Kühlzeit

100 g Lebkuchen
60 g Doppelrahmfrischkäse
150 g weiße Schokolade, in Stücke zerbrochen

01 Die Lebkuchen in der Küchenmaschine fein zerkleinern oder in einen Plastikbeutel füllen und mit einem Nudelholz zerdrücken. Die Lebkuchenkrümel in eine mittelgroße Schüssel füllen, den Frischkäse dazugeben und beides mit einem Holzlöffel gründlich vermengen.

02 Jeweils 1 Esslöffel von der Masse abstechen, mit den Händen zu einer Kugel rollen und auf einen Teller legen. Mit der restlichen Masse ebenso verfahren. Es sollten etwa 9 Trüffel entstehen. Im Tiefkühlfach 30 Minuten fest werden lassen.

03 Ein Kuchengitter auf einen Bogen Backpapier stellen. Die Schokolade schmelzen (siehe Seite 17).

04 Die Kugeln einzeln mit zwei Gabeln in die flüssige Schokolade tauchen, abtropfen lassen, dann auf das Gitter setzen.

05 Die Trüffel 30 Minuten im Kühlschrank fest werden lassen, vorsichtig vom Gitter nehmen (die Schokolade platzt leicht auf) und servieren. Enjoy!

06 Die Trüffel halten sich luftdicht verschlossen im Kühlschrank 4 Tage.

Festliche Verzierung

Nachdem du die Kugeln in Schritt 4 mit Schokolade überzogen hast, kannst du sie vor dem Aushärten weihnachtlich mit Zuckerstreuseln verzieren.

ZUTATEN • ZUTATEN • ZUTATEN • ZUTATEN • 3

TRINKSCHOKOLADEN-TRÜFFEL

12 Stück

Ein Rezept für alle, die gerne heiße Schokolade trinken. Man lässt die Trüffel einfach in heiße Milch gleiten, und schon hat man einen fabelhaft cremigen heißen Seelentröster – Luxus pur, und das ganz bequem zu Hause! Und das Beste: Wenn man viele Trüffel zubereitet und einfriert, kann man jederzeit köstliche heiße Schokolade genießen.

15 Minuten
+ 3 Stunden 30 Minuten Kühlzeit

350 g Zartbitter-Schokochips
215 g Crème double
250 g Vollmilchschokolade, in Stücke zerbrochen
+ eine Handvoll Vollmilchschokoladenraspel zum Garnieren

01 Schokochips und Crème double in einem Topf bei schwacher Hitze unter ständigem Rühren mit einem Holzlöffel erwärmen, bis die Masse geschmolzen und glatt ist. In ein hitzebeständiges Gefäß füllen und 2 Stunden kalt stellen.

02 Je 2 Esslöffel von der Masse abstechen und auf eine gefriergeeignete Platte setzen. Mit der restlichen Masse ebenso verfahren. Insgesamt sollten 12 Stück entstehen. Die Trüffel sollten sich nicht berühren. 1 Stunde ins Tiefkühlfach stellen.

03 Ein Kuchengitter auf einen Bogen Backpapier stellen. Die Vollmilchschokolade schmelzen (siehe Seite 17).

04 Die Trüffelhäufchen aus dem Tiefkühlfach nehmen und mit den Händen zu Kugeln rollen. Dann einzeln mit zwei Gabeln in die flüssige Schokolade tauchen und gut abtropfen lassen. Auf das Gitter setzen und mit den Schokoraspeln verzieren.

05 Die Trüffel 30 Minuten in den Kühlschrank stellen, bis sie fest sind. Vorsichtig vom Gitter nehmen (die Schokolade platzt leicht auf). Sie halten sich luftdicht verschlossen im Tiefkühlfach 3 Monate.

Serviervorschlag

1 Trüffel in eine Tasse heiße Milch geben und unter Rühren schmelzen lassen. Dauert dir das zu lange, stell die Tasse 30 Sekunden in die Mikrowelle und rühr dann um, bis alles gut vermischt ist. Fertig ist die Luxus-Trinkschokolade!

TIPP:

Je nachdem, wie viele Trüffel du herstellen willst, kannst du die Zutatenmengen halbieren oder verdoppeln.

3 ZUTATEN • ZUTATEN • ZUTATEN • ZUTATEN •

ERDNUSSBUTTER-S'MORES-DIP

4–6 Portionen

Cremig geschmolzene Erdnussbutter-Schokolode, darauf gebräunte Marshmallows – alles, was S'mores ausmacht, nur nicht über Lagerfeuer geröstet, sondern aus dem Ofen. Super einfach, sommers wie winters geeignet für einen Tagesausflug, einen Kinoabend oder ein Essen mit Freund*innen. Zwei Zutaten plus etwas Leckeres zum Eintunken, das ist alles, was du dafür brauchst!

35 Minuten

180 g Erdnussbutterpralinen (z. B. Reese's Minis)
100 g Mini-Marshmallows
Vollkornkekse (oder Graham Cracker) zum Löffeln

01 Den Backofen auf 200 °C (Ober-/Unterhitze), 180 °C (Umluft) oder Gas Stufe 3–4 vorheizen.

02 Die Erdnussbutterpralinen in eine gusseiserne Pfanne (ø 18 cm) oder Auflaufform legen und die Marshmallows darüberstreuen.

03 Im Ofen 20–25 Minuten backen, bis die Marshmallows aufgegangen und an der Oberfläche goldgelb sind. Vorsichtig aus dem Ofen nehmen und 5 Minuten abkühlen lassen.

04 Soll die Kruste knackiger sein, die Form 3–5 Minuten unter den Grill stellen, bis die Marshmallows knusprig und goldbraun sind. 5 Minuten abkühlen lassen.

05 Die warmen Marshmallows und die flüssige Schokolade mit Vollkornkeksen aus der Form löffeln. Ein Traum!

AUCH:

Anstelle der Erdnussbutterpralinen Schokoladenstückchen nehmen oder zum Eintunken frische Erdbeeren.

3 ZUTATEN · ZUTATEN · ZUTATEN · ZUTATEN ·

SCHOKOLADENBRUCH

12 Stück

Das perfekte Mitbringsel für alle, die wenig Zeit haben, denn einen Backofen braucht man dafür nicht. Das wandelbare Rezept passt sich jedem Geschmack an. Als Basis kannst Du Zartbitter-, Vollmilch- oder weiße Schokolade nehmen und bei den Verzierungen kreativ werden. In einer Box schön verpackt lässt sich diese Leckerei für jeden Anlass individuell dekorieren. Viel Spaß!

15 Minuten
\+ 2 Stunden
zum Festwerden

500 g Vollmilchschokolade (oder Zartbitterschokolade, mind. 50 % Kakaoanteil), in Stücke zerbrochen
150 g weiße Schokolade, in Stücke zerbrochen
Schokoriegel, gehackt (oder in Stücke zerbrochene Kekse nach Belieben, siehe auch unten)

01 Ein Backblech (33 x 23 cm) mit Backpapier auslegen.

02 Die Milchschokolade und weiße Schokolade in separaten Schüsseln in der Mikrowelle oder im Wasserbad schmelzen (siehe Seite 17).

03 Die flüssige dunklere Schokolade in die vorbereitete Form gießen und mit einem Metallspatel oder einem Löffel behutsam glatt streichen. Die flüssige weiße Schokolade darauf träufeln und mit einem Messer oder Spieß durch die dunklere Schokolade ziehen, sodass Wirbel entstehen.

04 Gehackte Schokoriegel darauf verteilen und bei Zimmertemperatur oder im Kühlschrank etwa 2 Stunden festwerden lassen. Sobald die Schokolade fest ist, in 12 Stücke schneiden oder brechen.

05 Die Schokolade hält sich luftdicht verschlossen 2 Wochen.

Für das Topping

Als Belag für die Schokolade eignen sich auch Schokolinsen mit Zuckerüberzug (z. B. Smarties oder M&Ms), Schokokekse mit Vanillecreme (z. B. Oreos), kleine Brezeln, Erdnussbutterpralinen, Kekse mit Zuckerguss oder Karamell-Keks-Schokoriegel (z. B. Twix).

POPCORNKUGELN

3 ZUTATEN

8 Stück

Diese Knusperkugeln sind toll für Kinoabende, Pyjamapartys und Feiern aller Art. Sie passen einfach immer, sei es weihnachtlich mit roten und grünen Schokolinsen oder mit rosa Lebensmittelfarbe zum Valentinstag. Oder auf einem Spieß und in Schokolade getunkt. Lass deiner Fantasie freien Lauf!

15 Minuten
+ 1-2 Stunden
zum Festwerden

1 Tüte süßes Mikrowellen-Popcorn (30 g)
45 g Butter (3 EL)
225 g Marshmallows

01 Das Popcorn nach Packungsanleitung zubereiten.

02 Butter und Marshmallows in einem großen Topf bei mittlerer Hitze unter ständigem Rühren mit einem Holzlöffel erwärmen und schmelzen lassen. Vom Herd nehmen und das Popcorn einrühren, bis es vollständig mit der Masse bedeckt ist, dann 5 Minuten abkühlen lassen.

03 Einen Bogen Backpapier auf ein Backblech legen.

04 Die Hände mit Butter einreiben oder mit Backtrennspray besprühen. Die Popcornmasse in 8 Portionen teilen und jede zu einer Kugel formen. Die Kugeln auf das Blech legen und 1–2 Stunden festwerden lassen.

05 Die Popcornkugeln halten sich luftdicht verschlossen 1 Woche.

TIPP:

Verwende aromatisierte Marshmallows oder gib Lebensmittelfarbe oder Schokolade zur Mischung!

3 ZUTATEN · ZUTATEN · ZUTATEN · ZUTATEN ·

HONIGWABEN

32 Stück

Honigwaben sind nicht so kompliziert, wie sie scheinen – besonders, wenn man ein Zuckerthermometer hat. Genial zum Eintunken in Schokolade, zum Dekorieren von Torten oder zu hausgemachter Eiscreme. Zuckersüß, knusprig und mit aromatischem Karamell und Fudge. Wer könnte da widerstehen!

10 Minuten + 1–2 Stunden zum Festwerden

5 EL Golden Syrup (Zuckerrübensirup)
200 g feinster Zucker
2 TL Natron

01 Eine Backform (20 x 25 cm) mit Backpapier auslegen (siehe Seite 16).

02 Sirup und Zucker in einem großen Topf bei schwacher Hitze mit einem Schneebesen rühren, bis sich der Zucker auflöst (danach nicht mehr rühren, sonst kristallisiert er). Auf mittlere Hitze erhöhen und die Masse etwa 5 Minuten sprudelnd kochen lassen, bis sie bernsteingelb ist und das Zuckerthermometer 150 °C anzeigt. Der Sirup darf nicht zu lange kochen, sonst werden die Schnitten hart.

03 Vom Herd nehmen und das Natron einrühren. Die Masse sollte nun aufschäumen und wird leicht und fluffig. Nicht zu viel rühren, sonst werden die Waben platt und hart.

04 Den Sirup in die Form gießen und fest werden lassen. Aus der Form lösen und in etwa 32 Stücke brechen. Fertig ist die perfekte Honigschnitte!

05 Luftdicht verschlossen bei Zimmertemperatur aufbewahrt, bleiben die Honigwaben bis zu 5 Tage knusprig.

Serviervorschlag

In Stücke gebrochen kann man die Honigwaben in geschmolzene Schokolade tunken oder zum Verschenken verpacken.

TIPP:

Ist die erstarrte Masse klebrig, wurde sie nicht stark genug erhitzt. Ist sie hart, wurde sie zu lange gekocht oder gerührt.

3 ZUTATEN

NUSS-NOUGAT-KONFEKT

6 Stück

Diese runden Törtchen sind innen butterzart und außen knusprig. Das Beste: Die Zutaten hat man eigentlich immer im Haus. Am leckersten sind sie noch warm, dann ähneln sie Brownies. Du kannst sie noch mit Nuss-Nougat-Creme bestreichen oder nach Belieben glasieren.

20 Minuten

150 g Nuss-Nougat-Creme (z. B. Nutella)
1 Ei
50 g Weizenmehl Type 405 (6 EL)

01 Den Backofen auf 180 °C (Ober-/Unterhitze), 160 °C (Umluft) oder Gas Stufe 2–3 vorheizen und ein Muffinblech mit 6 Mulden mit Muffinförmchen auslegen.

02 Die Nuss-Nougat-Creme und das Ei in einer großen Rührschüssel mit einem Schneebesen glatt rühren. Mit einem Spatel das Mehl unterheben und nur kurz vermengen. Den Teig gleichmäßig auf die Muffinförmchen verteilen.

03 15 Minuten backen, bis die Oberfläche knusprig ist. Im Muffinblech 15 Minuten abkühlen lassen, dann auf ein Kuchengitter setzen und auskühlen lassen. Enjoy!

4 ZUTATEN · ZUTATEN · ZUTATEN · ZUTATEN

SPEKULATIUSPRALINEN

6 Stück

Für Fans von weißer Schokolade und Spekulatius sind diese Pralinen ein Muss! Ihr cremiger Kern besteht aus karamellisierten Keksen und Frischkäse. Diese Pralinen sind süß, mit feinem Zimtaroma und einfach unwiderstehlich.

15 Minuten
+ 1 Stunde 15 Minuten
Kühlzeit

250 g weiße Schokolade, in Stücke zerbrochen
130 g Spekulatiuscreme (z. B. Biscoff)
100 g Spekulatiuskekse (z. B. Biscoff)
60 g Doppelrahmfrischkäse

01 Ein Muffinblech mit 6 Mulden mit Muffinförmchen auslegen.

02 Die weiße Schokolade mit 100 g (6 EL) Spekulatiuscreme in einem mittelgroßen Gefäß auf hoher Stufe jeweils 30 Sekunden in der Mikrowelle erhitzen, dabei zwischendurch umrühren. Alternativ im Wasserbad schmelzen (siehe Seite 17).

03 Jeweils 1 Esslöffel Masse in die Muffinförmchen geben und glatt streichen. 15 Minuten kalt stellen. Inzwischen die Füllung zubereiten. Die restliche flüssige Schokolade beiseitestellen.

04 Die Spekulatius in der Küchenmaschine fein zerkleinern oder in einen Plastikbeutel füllen und mit einem Nudelholz zerdrücken. Die Krümel in eine mittelgroße Schüssel füllen, den Frischkäse unterheben und beides mit einem Löffel gründlich vermengen.

05 Das Blech aus dem Kühlschrank nehmen. Etwa 1 Esslöffel Keksmasse in jedes Muffinförmchen geben und fest andrücken. Die restliche geschmolzene Schokolade darauf verteilen und glatt streichen.

06 Die Pralinen 1 Stunde kalt stellen, dann die Papierförmchen abziehen und genießen!

07 Die Pralinen halten sich luftdicht verschlossen im Kühlschrank bis zu 4 Tage.

TIPP:

Für mehr Leckermäuler einfach die Menge verdoppeln und 12 statt 6 Pralinen zubereiten.

ZUTATEN • ZUTATEN • ZUTATEN • ZUTATEN •

4

SALZKARAMELL-SAUCE

350 ml

Wenn du genauso auf Salzkaramell stehst wie ich, solltest du immer ein gutes Rezept für Salzkaramellsauce zur Hand haben. Diese Version ist süß, salzig und cremig. Der perfekte Begleiter zu Eiscreme und Brownies oder auch für Getränke.

20 Minuten
+ 20 Minuten Abkühlzeit

200 g Kristallzucker
90 g gesalzene Butter (6 EL), gewürfelt
140 g Crème double
1 Prise Salz

01 Den Zucker in einem Topf auf mittlerer Stufe unter ständigem Rühren mit einem Schneebesen 10–15 Minuten schmelzen und karamellisieren lassen. Dabei bilden sich zunächst kleine, dann größere Klumpen, bevor der Zucker schmilzt und ein dunkles Bernsteinbraun annimmt. Achtung: Der Zucker darf nicht zu lange kochen, denn er brennt leicht an!

02 Sobald der Zucker flüssig ist und am Rand Blasen wirft, die Butter dazugeben. Achtung: Die heiße Mischung kann spritzen! Weiterrühren, bis die Masse sämig wird.

03 Langsam die Crème double dazugießen, das Salz dazugeben und vorsichtig weiterrühren. Die Masse im Topf bei ausgeschaltetem Herd etwa 20 Minuten abkühlen lassen, dabei immer wieder umrühren.

04 Die abgekühlte Sauce noch einmal umrühren, dann in ein Schraubglas oder einen luftdichten Behälter füllen. Sie hält sich im Kühlschrank bis zu 2 Wochen.

05 Zum Servieren in eine kleine Schüssel oder ein Kännchen füllen und in der Mikrowelle auf mittlerer Stufe jeweils 10 Sekunden auf die gewünschte Temperatur erhitzen. Über dein Lieblingsdessert geben und servieren!

ZUTATEN • 5 • ZUTATEN • ZUTATEN • ZUTATEN

ERDNUSSBUTTER-SHORTBREAD

26 Stück

Butterzarter Mürbeteig und cremige Erdnussbutter, umhüllt von Vollmilchschokolade – da spitzen Naschkatzen die Ohren! Diese Stäbchen sind knackig und zart zugleich und wunderbar schokoladig.

45 Minuten
+ 1 Stunde Abkühlzeit und 1 Stunde zum Festwerden

FÜR DIE MÜRBETEIGSTÄBCHEN

180 g Butter, zimmerwarm
90 g Kristallzucker
250 g Weizenmehl Type 405

FÜR DEN ÜBERZUG

200 g Vollmilchschokolade, in Stücke zerbrochen
150 g cremige Erdnussbutter

01 Den Backofen auf 180 °C (Ober-/Unterhitze), 160 °C (Umluft) oder Gas Stufe 2–3 vorheizen und eine quadratische Backform (20 x 20 cm) mit Backpapier auslegen (siehe Seite 16).

02 Für den Mürbeteig Butter, Zucker und Mehl in einer großen Rührschüssel mit den Fingerspitzen gut verkneten (die Masse sollte krümelig sein). Den Teig in die Form drücken und die Oberfläche glatt streichen. Im Ofen 20–25 Minuten backen, bis der Teig goldbraun ist, dann in der Form etwa 1 Stunde vollständig abkühlen lassen.

03 Ein Kuchengitter auf einen Bogen Backpapier stellen. Die Schokolade schmelzen (siehe Seite 17).

04 Mit einem scharfen Messer die Teigplatte in 26 Streifen (1,5 x 10 cm) schneiden. Die Erdnussbutter in einen Einwegspritzbeutel füllen und in die Spitze eine 1 cm große Öffnung schneiden. Die Erdnussbutter auf die Shortbread-Stäbchen spritzen und mit einem Messer oder Löffelrücken glatt streichen.

05 Die Stäbchen mit der Unterseite in die geschmolzene Schokolade tauchen und auf das Kuchengitter setzen. Mit der restlichen Schokolade übergießen. 1 Stunde stehen lassen, bis die überschüssige Schokolade abgetropft ist und die Stäbchen erstarrt sind.

06 Das Shortbread hält sich luftdicht verschlossen 1 Woche.

AUCH:

Für Spekulatius-Shortbread ersetzt du einfach die Erdnussbutter durch Spekulatiuscreme.

5 ZUTATEN • ZUTATEN • ZUTATEN • ZUTATEN •

SCHOKO-PINGUINE

10 Stück

Besonders wenn man sie zusammen mit Kindern dekoriert, machen diese Pinguine einfach Spaß. Für Weihnachten sind sie der absolute Hit. Man braucht dafür keinen Backofen, sondern nur eine Mikrowelle. Ein köstliches Mitbringsel! Wer könnte Doppeldeckerkeksen mit Schokohülle schon widerstehen?

20 Minuten + 1 Stunde zum Festwerden

10 Schokokekse mit Vanillecreme (z. B. Oreos)
200 g Vollmilchschokolade (oder Zartbitterschokolade, mind. 50 % Kakaoanteil), in Stücke zerbrochen und geschmolzen (siehe Seite 17)
10 weiße Schokolinsen
20 Zuckeraugen
10 Schokolinsen mit orangefarbenem Zuckerüberzug

01 Ein Kuchengitter auf einen Bogen Backpapier stellen oder ein Backblech mit Backpapier auslegen.

02 Mit 2 Gabeln jeden Keks in der flüssigen Schokolade wenden, abtropfen lassen und auf das Gitter oder Blech setzen.

03 Während die Schokolade noch warm ist, auf jeden Keks eine weiße Schokolinse setzen (für den Bauch des Pinguins). Je 2 Zuckeraugen darüberlegen und je eine orangefarbene Schokolinse als Schnabel zwischen die Augen stecken. Wenn die Deko zu sehr verrutscht, die Kekse 1–2 Minuten kalt stellen, sodass sie etwas fester werden. Alternativ die Linsen zusätzlich auf der Rückseite mit flüssiger Schokolade betupfen und dann auf die Kekse legen.

04 Die Kekse 1 Stunde kalt stellen oder bei Zimmertemperatur fest werden lassen. Fröhliche Weihnachten!

05 Die Kekse halten sich luftdicht verschlossen 1 Woche.

KUCHEN, CUPCAKES *und* MUFFINS

Kapitel zwei

Wenn du Kuchen liebst, dann ist dieses Kapitel genau dein Ding

Mich fasziniert immer wieder, dass man mit nur wenigen Zutaten einen weichen, saftigen und sehr leckeren Kuchen backen kann.

Auf den folgenden Seiten findest du meinen **Schokokeks-Kuchen** aus 3 Zutaten (ein echtes Highlight), meine **Nuss-Nougat-Donuts** und **Schnelle Scones**, nicht zu vergessen meinen 4-Zutaten-Kuchen ohne Mehl und den **Schnellen Biskuit**.

Jeden dieser Kuchen kannst du ganz einfach aufpeppen und mit allem garnieren, was das Herz begehrt. Probier einfach nach Belieben verschiedene Marmeladen, Glasuren und Güsse aus.

Der Haken daran: In Zukunft hast du nie mehr eine Ausrede, KEINEN Geburtstagskuchen zu backen!

Schokoladengenuss pur

3 ZUTATEN • ZUTATEN • ZUTATEN • ZUTATEN •

SCHOKOKEKS-KUCHEN

6-8 Portionen

Dieses Rezept gehört zu den Favoriten meiner Follower*innen: ein saftiger, schokoladiger Kuchen! Dabei brauchst du weder Eier noch Mehl, nicht einmal einen Backofen, denn dieser Kuchen kommt einfach für 7 Minuten in die Mikrowelle. Eigentlich schmeckt er auch „oben ohne", aber wenn du ihn lieber mit Guss magst, empfehle ich Schokoladenganache (siehe unten) beispielsweise für einen Geburtstagskuchen.

20 Minuten

30 Schokokekse mit Vanillecreme (z. B. Oreos)
1 TL Backpulver
270 ml zimmerwarme Vollmilch (oder fettarme Milch)

FÜR DIE GANACHE (OPTIONAL)
140 g Crème double (oder 115 g Mascarpone und süße Sahne zu gleichen Teilen)
150 g Zartbitterschokolade (mind. 50 % Kakaoanteil), in Stücke zerbrochen

01 Eine mikrowellengeeignete runde Silikonbackform (ø 18 cm) mit Backtrennspray einsprühen und den Boden mit einem Kreis Backpapier auslegen (siehe Seite 16).

02 Die Kekse trennen, die Cremefüllung in eine Schüssel geben und beiseitestellen. Die dunklen Keksteile in der Küchenmaschine fein zerkleinern oder in einem Plastikbeutel mit dem Nudelholz zerdrücken. In eine große Rührschüssel geben, aber etwa 1 Esslöffel zum Bestreuen beiseitestellen.

03 Das Backpulver zu den Krümeln geben und mit einem Schneebesen vermengen. Die Milch dazugießen, die Cremefüllung der Kekse unterheben und glatt rühren.

04 Die Masse in die Form füllen und in der Mikrowelle auf höchster Stufe 6–7 Minuten erwärmen, bis an einem Holzstäbchen beim Herausziehen kein Teig mehr anhaftet (alternativ den Kuchen 15 Minuten bei 200 °C Ober-/Unterhitze, 180 °C Umluft oder Gas Stufe 3–4 im vorgeheizten Backofen backen). In der Form abkühlen lassen, dann auf ein Kuchengitter stürzen und das Backpapier abziehen.

05 Nach Belieben den Kuchen mit Guss überziehen (siehe unten) oder in Stücke schneiden. Enjoy!

Ganache

06 Für die Ganache die Crème double in einer geeigneten Schüssel in der Mikrowelle etwa 1 Minute erhitzen.

07 Die Schokolade in einer hitzebeständigen Schüssel mit der heißen Crème double übergießen und vorsichtig glatt rühren. Auf dem Kuchen verstreichen und über die Ränder tropfen lassen. Mit den restlichen Kekskrümeln bestreuen.

08 Der Kuchen hält sich in einem luftdichten Behälter im Kühlschrank 3 Tage.

3 ZUTATEN

KEKSKUCHEN

9 Stück

Dieser Kuchen ist himmlisch mürbe und saftig und ist doch ganz ohne Mehl und Eier kinderleicht zu backen. Mit einem Guss oder Topping deiner Wahl merkt niemand, dass du hier nur Kekse, Backpulver und Milch verwendet hast!

20 Minuten

350 g Vollkornkekse mit Schokoladenüberzug (oder Graham Cracker)
2 TL Backpulver
350 ml zimmerwarme Vollmilch

01 Den Backofen auf 180 °C (Ober-/Unterhitze), 160 °C (Umluft) oder Gas Stufe 2–3 vorheizen und eine quadratische Backform (20 x 20 cm) mit Backpapier auslegen (siehe Seite 16).

02 Die Kekse in der Küchenmaschine fein zerkleinern oder in einem Plastikbeutel mit einem Nudelholz zerdrücken. Die Kekskrümel und das Backpulver in einer großen Rührschüssel mit einem Schneebesen vermengen.

03 Die Milch dazugießen und alles mit einem Spatel einarbeiten. Der Teig darf ruhig etwas klumpig sein. In die vorbereitete Backform füllen und glatt streichen.

04 Im Ofen 15 Minuten backen, bis an einem hineingesteckten Holzstäbchen nur noch einige Krümel anhaften. Wird der Kuchen zu lange gebacken, wird er zu trocken. Etwa 10 Minuten in der Form abkühlen lassen, dann auf eine Servierplatte oder ein Kuchengitter stürzen. Dann in 9 Quadrate schneiden und servieren.

05 Der Kuchen hält sich in einem luftdichten Behälter 3–4 Tage.

Topping

Als zusätzlichen Kick kannst du den Kuchen mit einer Schokoladenbuttercreme, Ganache (siehe Seite 62–63) oder geschmolzener Nuss-Nougat-Creme überziehen.

TIPP:

Wer es noch schokoladiger mag, gibt 1 EL Kakaopulver oder 100 g Schokochips zum Teig.

ZUTATEN · ZUTATEN · ZUTATEN · ZUTATEN ·

3

ANANASKUCHEN

8 Portionen

Dieser Kuchen ist wunderbar saftig, süß und fruchtig, dabei aber ganz schnell zusammengerührt. Und dann brauchst du nichts mehr zu tun, bis er aus dem Ofen kommt. Perfekt für jede Gelegenheit, vor allem aber an einem warmen Sommertag. Beim Garnieren sind deiner Fantasie keine Grenzen gesetzt.

1 Stunde

250 g Mehl-Backpulver-Mischung (siehe Seite 17)
200 g feinster Zucker
450 g Ananasstückchen mit Saft (aus der Dose)

01 Den Backofen auf 180 °C (Ober-/Unterhitze), 160 °C (Umluft) oder Gas Stufe 2–3 vorheizen. Eine runde Springform (ø 20 cm) mit Backtrennspray einsprühen und den Boden mit Backpapier auslegen (siehe Seite 16).

02 Alle Zutaten in einer großen Rührschüssel mit einem Holzlöffel oder Spatel vermengen. In die Springform füllen und glatt streichen.

03 Im Ofen 50–60 Minuten backen, bis an einem hineingesteckten Holzstäbchen kein Teig mehr anhaftet. 10 Minuten in der Form abkühlen lassen, dann auf ein Kuchengitter setzen oder noch warm servieren.

04 Der Kuchen hält sich in einem luftdichten Behälter 3 Tage.

Topping

Wer mag, kann den Kuchen mit Frischkäsecreme (siehe Seite 225) oder mit einer anderen Creme oder Eiscreme seiner Wahl bestreichen. Einfach grandios!

SPEKULATIUSKUCHEN

ZUTATEN • ZUTATEN • ZUTATEN • ZUTATEN • 3

8 Portionen

Für alle, die Spekulatius mögen, ist dieser Kuchen ein Muss: herrlich mürbe, saftig und im Handumdrehen gebacken. Durch die Spekulatiuscreme als Hauptzutat hat er ein feines Zimtaroma.

40 Minuten
+ 40 Minuten Abkühlzeit

525 g Spekulatiuscreme (z. B. Biscoff)
1½ TL Backpulver
2 Eier

FÜR DAS TOPPING (OPTIONAL)

2 Spekulatiuskekse (z. B. Biscoff), fein zerkrümelt

01 Den Backofen auf 180 °C (Ober-/Unterhitze), 160 °C (Umluft) oder Gas Stufe 2–3 vorheizen und den Boden einer runden Springform (ø 20 cm) mit einem Kreis Backpapier auslegen (siehe Seite 16).

02 400 g Spekulatiuscreme in einer geeigneten Schüssel auf höchster Stufe in 30-Sekunden-Intervallen in der Mikrowelle erhitzen, dazwischen umrühren, bis die Creme glatt und flüssig ist. Etwa 5 Minuten abkühlen lassen.

03 Die Creme in eine große Rührschüssel füllen, das Backpulver dazugeben und mit einem Schneebesen vermengen. Die Eier nacheinander einarbeiten. Den Teig in die Backform füllen und mit einem Löffel glatt streichen.

04 Im Ofen 30 Minuten backen, bis an einem hineingesteckten Holzstäbchen kein Teig mehr anhaftet. 30 Minuten in der Form abkühlen lassen, dann auf ein Kuchengitter setzen.

05 Die restliche Spekulatiuscreme wie oben beschrieben in der Mikrowelle schmelzen. Mit einem Löffel auf dem Kuchen verteilen und über den Rand tropfen lassen.

06 Der Kuchen hält sich in einem luftdichten Behälter 4–5 Tage.

Topping

In Schritt 5 kannst du den Kuchen noch mit Spekulatiuskrümeln bestreuen.

3 Zutaten

GEFÜLLTE SCHOKOMUFFINS

12 Stück

Diese Muffins ähneln dem Nuss-Nougat-Konfekt von Seite 48. Hier umhüllen die kleinen Kuchen jedoch einen leckeren Kern aus Schokokeks. Mürbe und doch mit Biss, außen knusprig und voller Nuss-Nougat-Aromen: einfach lecker!

40 Minuten

2 Eier
300 g Nuss-Nougat-Creme (z. B. Nutella)
12 Schokokekse mit Vanillecreme (z. B. Oreos)

01 Den Backofen auf 200 °C (Ober-/Unterhitze), 180 °C (Umluft) oder Gas Stufe 3–4 vorheizen und ein Muffinblech mit 12 Mulden mit Muffinförmchen auslegen.

02 In einer mittelgroßen Rührschüssel die Eier mit dem Handrührgerät schaumig aufschlagen, dann die Nuss-Nougat-Creme vorsichtig unterheben.

03 Jeweils 1 Esslöffel der Masse in die Förmchen füllen und in jedes einen Keks drücken. Mit je 1½–2 Esslöffel Teig auffüllen, sodass die Kekse vollständig bedeckt sind. Die Förmchen sollten nur zu zwei Dritteln gefüllt sein.

04 Im Ofen 20–25 Minuten backen, bis die Oberfläche der Muffins knusprig ist.

05 Die Muffins 20 Minuten im Muffinblech abkühlen, dann auf einem Kuchengitter vollständig auskühlen lassen.

06 Die Muffins halten sich in einem luftdichten Behälter 5 Tage.

Serviervorschlag

Du kannst die Muffins auch warm servieren und dazu Eiscreme und Schokosauce reichen. Einfach himmlisch!

AUCH:

Schokotrüffel anstelle der Schokokekse ergeben einen zart schmelzenden Muffinkern.

3 Zutaten

BANANENMUFFINS

12 Stück

Du liebst Bananenbrot, hast aber nicht immer Zeit zum Selberbacken? Dann sind diese simplen Bananenmuffins dein neues Leibgericht! Mürbe, saftig und voller Bananenaroma umschmeicheln sie den Gaumen. Mit der Backmischung schummeln wir ein wenig, aber das merkt keiner! Dafür sind die Küchlein in 5 Minuten angerührt und stehen nach 20 Minuten im Ofen auf dem Tisch.

25 Minuten

3 große überreife Bananen
1 Packung Vanillekuchen-Backmischung (ca. 425 g)
2 Eier

01 Den Backofen auf 180 °C (Ober-/Unterhitze), 160 °C (Umluft) oder Gas Stufe 2–3 vorheizen und ein Muffinblech mit 12 Mulden mit Muffinförmchen auslegen.

02 Die Bananen in einer großen Rührschüssel mit einer Gabel zu einem Brei zerdrücken. Die Backmischung und die Eier unterheben und mit einem Schneebesen vorsichtig rühren, bis alles locker vermischt ist. Den Teig in die Muffinförmchen füllen.

03 Im Ofen 15–20 Minuten backen, bis an einem in die Muffins gesteckten Holzstäbchen kein Teig mehr anhaftet. Auf einem Kuchengitter abkühlen lassen und genießen!

04 Die Muffins halten sich in einem luftdichten Behälter bei Zimmertemperatur 4 Tage.

TIPP:

Wer mag, kann nach Schritt 2 beispielsweise noch Schokochips unterheben.

AUCH:

Mit einer Schokoladenkuchen-Backmischung kannst du Schoko-Bananenmuffins backen.

ZUTATEN 3 ZUTATEN

NUSS-NOUGAT-DONUTS

6 Stück

Donuts zu backen ist längst nicht so kompliziert, wie viele denken! Diese sind herrlich schokoladig und zergehen auf der Zunge, sind aber im Nu gebacken. Mit Nuss-Nougat-Creme glasiert, schmecken sie köstlich zum Tee oder Kaffee. Für dieses Rezept empfehle ich Donut-Backformen aus Silikon.

20 Minuten
+ 1 Stunde Abkühlzeit

185 g Nuss-Nougat-Creme (z. B. Nutella) + 70 g für die Glasur
2 Eier
90 g Weizenmehl Type 405

01 Den Backofen auf 170 °C (Ober-/Unterhitze), 150 °C (Umluft) oder Gas Stufe 2 vorheizen. Eine Donut-Backform (Silikonform mit Mulden, ø 7,5 cm) mit Backtrennspray einsprühen.

02 In eine große Rührschüssel 185 g Nuss-Nougat-Creme geben. Eier und Mehl hinzufügen und alles mit einem Schneebesen glatt rühren.

03 Die Masse in einen Einweg-Spritzbeutel füllen, die Beutelspitze abschneiden und den Teig in die Mulden der Donut-Backform spritzen. Jede Mulde sollte nur zu drei Vierteln gefüllt sein.

04 Im Ofen 10–12 Minuten backen, bis an einem in die Donuts gesteckten Holzstäbchen kein Teig mehr anhaftet. Die Donuts 20 Minuten in der Backform abkühlen lassen, dann auf ein Kuchengitter stürzen und auskühlen lassen.

05 Die restliche Nuss-Nougat-Creme in einer mikrowellengeeigneten Schüssel auf höchster Stufe mehrmals jeweils 20 Sekunden in der Mikrowelle erwärmen und zwischendurch umrühren, bis die Masse flüssig und glatt ist. Jeden Donut mit der Oberseite in die flüssige Nougatcreme tauchen oder damit beträufeln. Enjoy!

TIPP:

Zum Garnieren eignen sich Zuckerstreusel oder gehackte Haselnusskerne.

3 ZUTATEN · ZUTATEN · ZUTATEN · ZUTATEN ·

SCHNELLE SCONES

12 Stück

Diese Scones sind schnell und einfach zubereitet, aber sehr lecker! Innen leicht und fluffig, außen knusprig und goldgelb – genau richtig für Gartenpartys, Teestündchen oder Picknicks. Traditionell werden sie mit Clotted Cream und Konfitüre serviert, aber wer es herzhafter mag, belegt sie mit Käse oder Chutney.

30 Minuten

375 g Mehl-Backpulver-Mischung (siehe Seite 17) + etwas zum Bestäuben
75 g kalte Butter (5 EL), gewürfelt
250 ml Vollmilch, bei Bedarf mehr

01 Den Backofen auf 200 °C (Ober-/Unterhitze), 180 °C (Umluft) oder Gas Stufe 3–4 vorheizen und ein großes Backblech mit Backpapier auslegen.

02 Mehlmischung und Butter in einer großen Rührschüssel mit den Fingerspitzen zu Krümeln verreiben. In die Mitte eine Mulde drücken, die Milch hineingießen und mit den Händen zu einem weichen Teig verkneten. Bei Bedarf noch etwas mehr Milch dazugeben.

03 Die Arbeitsfläche und deine Hände mit Mehl bestäuben. Den Teig auf der Arbeitsfläche kneten. Mit den Händen oder einem bemehlten Nudelholz zu einer etwa 2 cm dicken Platte ausrollen und mit einem runden Plätzchenausstecher (ø 6,5 cm) oder einem Glas Kreise ausstechen. Mit dem restlichen Teig ebenso verfahren, bis 12 Scones entstanden sind.

04 Im Ofen 15–20 Minuten backen, bis die Scones aufgegangen und goldgelb sind. Warm servieren.

05 Die Scones halten sich in einem luftdichten Behälter bei Zimmertemperatur 3 Tage.

4 ZUTATEN • ZUTATEN • ZUTATEN • ZUTATEN •

SCHOKOLADENKUCHEN OHNE MEHL

10 Portionen

Dieser üppige Kuchen zergeht auf der Zunge. Genau richtig für Schokoladenfans und fast so köstlich wie eine Schokoladentorte oder Mousse au Chocolat. Niemand würde vermuten, dass der Kuchen nur aus 4 Zutaten besteht!

50 Minuten
+ Kühlzeit über Nacht

225 g kalte Butter, gewürfelt
500 g Zartbitterschokolade (mind. 50 % Kakaoanteil), in Stücke zerbrochen
7 Eier
100 g Kristallzucker (nach Belieben)

TIPP:

Den Kuchen mit Puderzucker bestäuben, dazu nach Belieben Sahne und Beeren reichen.

01 Den Backofen auf 170 °C (Ober-/Unterhitze), 150 °C (Umluft) oder Gas Stufe 2 vorheizen. Eine runde Springform (Ø 20 cm) mit Butter einfetten und den Boden mit Backpapier auslegen (siehe Seite 16), dann Boden und Seitenwände von außen in Alufolie hüllen. In eine größere, runde Backform oder ein großes, hohes ofenfestes Gefäß stellen, das als Wasserbad für den Kuchen dient. So gart er gleichmäßiger.

02 Butter und Schokolade in einer geeigneten Schüssel auf höchster Stufe in 30-Sekunden-Intervallen in der Mikrowelle erhitzen, dabei zwischendurch umrühren, bis die Masse flüssig ist. Fast vollständig auskühlen lassen.

03 Die Eier mit dem Zucker in einer großen Rührschüssel mit einem Handrührgerät etwa 10 Minuten schaumig aufschlagen. Mit einem Spatel die Hälfte der abgekühlten Schokolade unterheben, dann die restliche Schokolade vorsichtig unterziehen.

04 Den Teig in die Backform füllen und die äußere Backform langsam bis zu halber Höhe mit kochendem Wasser füllen. Vorsichtig in den Backofen stellen und 30–35 Minuten backen, bis die Ränder fest sind und die Oberfläche knusprig ist. Ein Küchenthermometer sollte in der Kuchenmitte 60 °C anzeigen.

05 Den Kuchen aus dem Wasserbad nehmen und in der Form auskühlen lassen. Mit Frischhaltefolie abdecken und über Nacht kalt stellen. Vor dem Servieren aus der Form lösen. Enjoy!

06 Der Kuchen hält sich im Kühlschrank 4 Tage.

SCHNELLER BISKUIT

ZUTATEN • ZUTATEN • ZUTATEN • ZUTATEN • 4

10 Portionen

Diese Biskuittorte ist einfach zubereitet, dabei leicht, fluffig und sehr lecker. Mit nur 4 Zutaten ist sie zudem preiswert und sehr vielseitig. Du kannst sie nach Geschmack füllen und verzieren. Hier findest du einige Vorschläge, aber deiner Fantasie sind keine Grenzen gesetzt. Für jeden Anlass perfekt!

50 Minuten
+ 1 Stunde Abkühlzeit

225 g weiche Butter (oder Margarine)
225 g feinster Zucker
4 Eier
225 g Mehl-Backpulver-Mischung (siehe Seite 17)

01 Den Backofen auf 170 °C (Ober-/Unterhitze), 150 °C (Umluft) oder Gas Stufe 2 vorheizen. 2 runde Springformen (ø 20 cm) mit Butter einfetten und die Böden mit Backpapier auslegen (siehe Seite 16).

02 Butter und Zucker mit dem Handrührgerät in einer großen Rührschüssel schaumig aufschlagen. Die Eier nacheinander unterziehen. Die Mehlmischung dazusieben und mit einem Spatel unterheben. Ist der Teig zu dick, 1–2 EL Milch dazugeben.

03 Den Teig auf die Springformen verteilen und mit einem Löffel glatt streichen.

04 Im Ofen 30–40 Minuten goldbraun backen, bis an einem in die Kuchen gesteckten Holzstäbchen kein Teig mehr anhaftet. In den Formen 30 Minuten abkühlen lassen, dann auf ein Kuchengitter stürzen und vollständig auskühlen lassen.

05 Das Backpapier von den ausgekühlten Böden abziehen. Einen Boden auf eine Kuchenplatte legen und nach Belieben mit Füllung bestreichen. Den zweiten Boden darauflegen und nach Herzenslust garnieren (siehe unten).

06 In einem luftdichten Behälter halten sich die Böden 3–4 Tage.

Serviervorschläge

Klassisch füllt man Biskuittorten mit Buttercreme und Erdbeer- oder Himbeermarmelade und bestäubt sie mit Puder- oder Streuzucker. Sehr lecker ist auch Lemon Curd, Schlagsahne und Beeren der Saison oder einfach Schokocreme.

4 ZUTATEN · ZUTATEN · ZUTATEN · ZUTATEN

PEKANNUSS-BRÖTCHEN

6 Stück

Diese einfachen Pekannuss-Brötchen sind genau richtig, wenn süßes Gebäck dein Ding ist. Man backt sie einfach aus Fertigteig für Croissants, deshalb sind sie sagenhaft fluffig und butterzart. Die Karamellglasur umhüllt die Pekannüsse und tränkt auch den Teig der köstlichen Mini-Brötchen.

30 Minuten

1 Fertigteig für Croissants (350 g, für 6 Stück)
6 EL Rohrzucker
60 g gesalzene oder ungesalzene Butter (4 EL), in Stücke geschnitten (à 10 g)
6 EL Pekannusskerne, grob gehackt

01 Den Backofen auf 200 °C (Ober-/Unterhitze), 180 °C (Umluft) oder Gas Stufe 3–4 vorheizen und ein Muffinblech mit 6 Mulden mit Butter einfetten.

02 Den Teig auf eine Arbeitsfläche legen und in 6 Teile schneiden. Nach Packungsanleitung jedes Stück von der Schmalseite zur Spitze hin zu Croissants aufrollen. Alle in der Mitte durchschneiden und beiseitestellen.

03 In jede der Mulden 1 Esslöffel Zucker, 1 Esslöffel Wasser, 10 g (2 TL) Butter und 1 Esslöffel Pekannusskerne geben und je zwei Croissant-Hälften darauflegen und etwas andrücken (dazu diese zurechtbiegen).

04 Im Ofen 15–20 Minuten backen, bis die Brötchen knusprig und goldbraun sind. 5 Minuten abkühlen lassen, dann aus dem Muffinblech lösen.

05 Die Brötchen stürzen und servieren (sodass die Nüsse nach oben zeigen). Sie sollten am selben Tag verzehrt werden. Enjoy!

TIPP:

Wer keine Pekannusskerne mag, lässt sie einfach weg oder nimmt andere Nüsse.

TASSEN-KUCHEN

Kapitel drei

Genuss im Handumdrehen

Tassenkuchen sind wahres Comfort Food, vermutlich weil man sie im Handumdrehen zaubern und es sich dann damit auf dem Sofa gemütlich machen kann. In diesem Kapitel findest du Tassenkuchen mit Schokolade oder Erdnussbutter, eine leckere Variante mit Äpfeln und Streuseln (ausnahmsweise nicht im Becher, sondern in Förmchen) und eine Zimtschnecke in der Tasse. Damit dein Tassenkuchen kein Küchendesaster heraufbeschwört, wie es uns allen schon passiert ist, hier einige Tipps:

- In einer großen Henkeltasse hat der Teig genug Platz und kann aufgehen, ohne überzulaufen. Oder du verteilst die im Rezept für eine Person gedachte Teigmenge einfach auf zwei Tassen und stellst beide in die Mikrowelle. Nach der Hälfte der angegebenen Zeit die Kuchen prüfen und bei Bedarf in 10–20-Sekunden-Intervallen weitergaren, bis sie fertig sind.

- Welche Leistung hat deine Mikrowelle? Die angegebenen Garzeiten gelten für ein 700-Watt-Gerät. Hat deines mehr Power, solltest du die mittlere oder mittelhohe Stufe wählen und den Kuchen nach der Hälfte der Garzeit kontrollieren.

- Mehl sollte für Mikrowellen-Tassenkuchen pasteurisiert werden (siehe Seite 17). Vor der Verwendung abkühlen lassen.

- Der Teig darf nicht zu stark gerührt werden, denn sonst wird der Kuchen schnell zäh und gummiartig. Das Gleiche passiert, wenn man ihn zu lange backt.

- Zum Servieren kannst du den fertigen Tassenkuchen in einen anderen Becher umfüllen und mit Schlagsahne, Nuss-Nougat-Creme oder Früchten und Puderzucker garnieren.

Eine Tasse Behaglichkeit

3 Zutaten

NUSS-NOUGAT-TASSENKUCHEN

1 Portion

Tassenkuchen sind langweilig und trocken? Irrtum! Dieser hier ist super einfach und wundervoll cremig. Er kommt ohne Mehl aus und ist deshalb glutenfrei, dafür aber himmlisch schokoladig und perfekt für alle, die Nuss-Nougat-Creme lieben. Einfach alles verrühren und ab damit in die Mikrowelle – Backen kann so einfach sein!

5 Minuten

1 Ei
120 g Nuss-Nougat-Creme (z. B. Nutella)
2 TL Kakaopulver (100 % Kakaoanteil)

01 Alle Zutaten in einer großen Tasse mit einer Gabel zu einem dickflüssigen, glatten Teig verrühren.

02 Alles 1 Minute 10 Sekunden auf höchster Stufe in der Mikrowelle erhitzen, bis kein feuchter Teig mehr am Tassenrand klebt. Ein kleiner Rest feuchter Teig am Tassenboden kann aber verbleiben.

03 Den Kuchen 2 Minuten abkühlen lassen und dann genießen!

Serviervorschlag

Mit einem extra Löffel Nuss-Nougat-Creme oder etwas Schlagsahne wird der Tassenkuchen noch unwiderstehlicher.

TIPP:

Peppe den Teig zusätzlich mit Keksen, bunten Schokolinsen oder Schokochips auf.

ABBILDUNG AUF DER NÄCHSTEN SEITE

ZUTATEN · ZUTATEN · ZUTATEN · ZUTATEN · 4

SPEKULATIUS-TASSENKUCHEN

1 Portion

Wenn du Spekulatiuscreme magst, ist dies DEIN Tassenkuchen. Du kannst ihn ganz nach Belieben in wenigen Minuten zaubern und direkt aus der Tasse löffeln – herrlich weich und fluffig, voller köstlicher Karamell- und Zimtaromen. Genau das Richtige für einen langen Filmabend!

5 Minuten

60 g Spekulatiuscreme (4 EL, z. B. Biscoff)
60 ml Vollmilch (4 EL)
35 g Weizenmehl Type 405 (4 EL), pasteurisiert (siehe Seite 17)
¼ TL Backpulver

01 Alle Zutaten in einer großen Tasse mit einer Gabel zu einem dickflüssigen, glatten Teig verrühren.

02 Alles 1 Minute 10 Sekunden auf höchster Stufe in der Mikrowelle erhitzen, bis an einem in die Kuchen gesteckten Holzstäbchen kein Teig mehr anhaftet. Der Teig sollte nicht mehr feucht sein, die Oberfläche aber noch weich sein.

03 Den Kuchen 2 Minuten abkühlen lassen und dann genießen!

TIPP:

Das Spekulatiusaroma wird intensiver, wenn man den Kuchen mit geschmolzener Spekulatiuscreme garniert.

ABBILDUNG AUF DER NÄCHSTEN SEITE

Nuss-Nougat-
Tassenkuchen
Spekulatius-
Tassenkuchen

Erdnussbutter-
Tassenkuchen
Bananenbrot-
Tassenkuchen

5 ZUTATEN

BANANENBROT-TASSENKUCHEN

1 Portion

Gibt es einen besseren Seelentröster als einen Bananenkuchen? Noch dazu, wenn er in nur 5 Minuten fertig ist! Dieser Kuchen ist saftig, voller Aromen und mit einer Füllung oder einem Topping deiner Wahl sehr wandelbar.

5 Minuten

½ große, sehr reife Banane
30 g Weizenmehl Type 405 (3 ½ EL), pasteurisiert (siehe Seite 17)
¼ TL Backpulver
1 EL Ahornsirup (oder Honig)
2 TL Vollmilch

01 Die Banane in einer Schüssel mit einer Gabel zu einem Brei zerdrücken.

02 In eine große Tasse füllen, die übrigen Zutaten dazugeben und gründlich vermengen.

03 Alles 1 Minute 10 Sekunden auf höchster Stufe in der Mikrowelle erhitzen, bis der Teig nicht mehr feucht ist und bis an einem in die Kuchen gesteckten Holzstäbchen kein Teig mehr anhaftet.

04 Den Kuchen 2 Minuten abkühlen lassen. Enjoy!

Optional

Für einen flüssigen Kern auf die Hälfte des Teigs einen Löffel Erdnussbutter oder Nuss-Nougat-Creme geben und dann erst den restlichen Teig einfüllen!

TIPP:

Wie wäre es mit 1 Esslöffel Vollmilchschokochips als extra Zutat in Schritt 2?

TIPP:

Noch aromatischer wird der Teig mit Zutaten wie Nüssen oder Zimtpulver.

ABBILDUNG AUF DER VORHERIGEN SEITE

5 ZUTATEN

ERDNUSSBUTTER-TASSENKUCHEN

1 Portion

Ein wärmender Tassenkuchen, genau das Richtige für einen gemütlichen Abend. Er ist in nur 5 Minuten fertig und sehr wandlungsfähig. Alles, was dein Herz begehrt, eignet sich als Füllung oder Topping. Wenn du Erdnussbutter magst, ist dieser Kuchen genau dein Ding!

5 Minuten

35 g cremige Erdnussbutter (2 EL)
30 g Weizenmehl Type 405 (3 ½ EL), pasteurisiert (siehe Seite 17)
¼ TL Backpulver
40 g Kristallzucker (3 EL)
45 ml fettarme Milch (3 EL)

01 Alle Zutaten in einem großen Becher mit einer Gabel zu einem dickflüssigen, glatten Teig verrühren.

02 Alles 1 Minute 10 Sekunden auf höchster Stufe in der Mikrowelle erhitzen, bis kein feuchter Teig mehr am Tassenrand klebt. Sollte die Masse noch feucht sein, einfach 10 Sekunden weiterbacken.

03 Den Kuchen 2 Minuten abkühlen lassen und genießen!

Serviervorschlag

Als Topping passt noch etwas Erdnussbutter oder Schlagsahne.

TIPP:

Wie wäre es mit 1 Esslöffel Vollmilch-schokochips als weitere Zutat in Schritt 1?

ABBILDUNG AUF DER VORHERIGEN SEITE

5 ZUTATEN • ZUTATEN • ZUTATEN • ZUTATEN •

ZIMTSCHNECKE in der Tasse

1 Portion

Wenn du auf Zimtschnecken genauso stehst wie ich, aber die umständliche Zubereitung scheust, Kopf hoch: Dieses Rezept ist die Lösung! Die zarten, saftigen Schnecken brauchen keine 10 Minuten. Die nach Zimt und Butter duftende Füllung und die süße Glasur bieten alles, was das Herz begehrt, und das ohne viel Aufwand. Für die Glasur brauchst du etwas mehr als 5 Zutaten, aber es lohnt sich!

10 Minuten

60 g griechischer Joghurt (3½ EL, Fettgehalt nach Belieben)
50 g Mehl-Backpulver-Mischung (6 EL, siehe Seite 17), pasteurisiert (siehe Seite 17), bei Bedarf mehr + etwas zum Bestäuben

FÜR DIE FÜLLUNG
10 g zerlassene Butter (2 TL)
1 EL Kristallzucker
½ TL Zimtpulver

FÜR DIE GLASUR (OPTIONAL)
3 EL Puderzucker
2 TL Vollmilch

01 Eine kleine/mittelgroße Tasse mit Butter einfetten oder mit Backtrennspray einsprühen.

02 Joghurt und Mehlmischung in einer kleinen Schüssel verrühren. Den Teig mit den Händen kneten, bis er nicht mehr klebt. Bei Bedarf noch etwas Mehl einarbeiten.

03 Den Teig auf einer bemehlten Arbeitsfläche zu einem etwa 25 x 15 cm großen Rechteck ausrollen.

04 In einer kleinen Schüssel die Zutaten für die Füllung gründlich verrühren und auf dem Teig verstreichen, dabei ringsum einen 1 cm breiten Rand frei lassen. Die Längsseiten einklappen (damit die Füllung beim Backen nicht ausläuft), dann den Teig von einer Schmalseite her locker aufrollen.

05 Die Rolle in die Tasse legen und in der Mikrowelle 50–60 Sekunden auf höchster Stufe backen, bis der Teig sehr heiß ist. Achtung: Nicht zu lange backen, denn sonst wird er zäh.

Glasur

In einer kleinen Schüssel oder einer Tasse Puderzucker und Milch mit einem Löffel glatt rühren. Die Glasur über die warme Schnecke gießen – fertig! Du kannst die Schnecke zum Servieren auch auf einen Teller stürzen.

5 ZUTATEN

NUSS-NOUGAT-SCHNECKE in der Tasse

1 Portion

Eine leckere warme Schnecke mit weicher Nuss-Nougat-Creme und gekrönt von einer Schokoglasur – besser kann ein Tassenkuchen nicht sein! Für den Teig braucht man nur 2 Zutaten plus Füllung und 3 für das Topping. Das ultimative Dessert!

10 Minuten

60 g griechischer Joghurt (3 ½ EL, Fettgehalt nach Belieben)
50 g Mehl-Backpulver-Mischung (6 EL, siehe Seite 17), pasteurisiert (siehe Seite 17), bei Bedarf mehr + etwas zum Bestäuben
Nuss-Nougat-Creme (z. B. Nutella) für die Füllung (nach Belieben)

FÜR DIE GLASUR
3 EL Puderzucker
2 TL Vollmilch
1 TL Nuss-Nougat-Creme (z. B. Nutella), geschmolzen

01 Einen kleinen oder mittelgroßen Becher mit Butter einfetten oder mit Backtrennspray einsprühen.

02 Joghurt und Mehlmischung in einer kleinen Schüssel zu einem Teig verrühren und mit den Händen kneten, bis er nicht mehr klebt. Bei Bedarf noch etwas mehr Mehl hinzufügen.

03 Den Teig auf einer bemehlten Fläche zu einem Rechteck (25 x 15 cm) ausrollen und mit Nuss-Nougat-Creme bestreichen, dabei ringsum 1 cm frei lassen. Die Längsseiten einklappen (damit die Füllung beim Backen nicht ausläuft), dann den Teig von einer Schmalseite her locker aufrollen.

04 Die Rolle in die Tasse legen und in der Mikrowelle 1 Minute auf höchster Stufe erhitzen, bis der Teig sehr heiß ist. Achtung: Nicht zu lange backen, denn sonst wird er zäh.

05 Inzwischen in einer kleinen Schüssel oder einer Tasse für die Glasur Puderzucker und Milch mit einem Löffel glatt rühren, dann die geschmolzene Nuss-Nougat-Creme unterheben.

06 Die Glasur über das warme Gebäck gießen – fertig! Alternativ die Schnecke auf einen Teller stürzen und servieren.

AUCH:

Anstelle von Nuss-Nougat-Creme passt auch Spekulatius-creme hervorragend.

ZUTATEN · ZUTATEN · ZUTATEN · ZUTATEN · 5

APFEL-STREUSEL-TASSENKUCHEN

2 Portionen

Was wäre ein kalter Wintertag ohne einen wärmenden Apfel-Streusel-Kuchen? Wenn die Zeit dafür nicht reicht, ist dieses Rezept die Lösung. Anders als die übrigen Tassenkuchen in diesem Kapitel wird dieser hier im Ofen gebacken. Er ist aber genauso schnell und einfach zubereitet, und man braucht nur 5 Zutaten. Los geht's!

35 Minuten

FÜR DIE FÜLLUNG

- 15 g Kristallzucker (1 EL)
- ¼ TL Zimtpulver
- 1 großer Apfel, geschält, entkernt und gewürfelt

FÜR DAS TOPPING

- 40 g Weizenmehl Type 405
- 40 g Kristallzucker (3 EL)
- 40 g kalte Butter (3 EL), gewürfelt + etwas zum Einfetten

01 Den Backofen auf 180 °C (Ober-/Unterhitze), 160 °C (Umluft) oder Gas Stufe 2–3 vorheizen.

02 Zucker und Zimt in einer kleinen Schüssel oder einer Tasse verrühren. Den Apfel dazugeben und darin wenden.

03 In einer zweiten kleinen Schüssel oder Tasse Mehl, Zucker und Butter mit den Fingerspitzen zu einem krümeligen Teig verarbeiten.

04 2 ofenfeste Förmchen mit etwas Butter einfetten, dann den gezuckerten Apfel darauf verteilen und gleichmäßig mit Streuseln bestreuen.

05 Im Ofen 25 Minuten backen, bis die Kuchen goldbraun und die Äpfel weich sind.

Serviervorschlag

Noch warm mit Schlagsahne oder Eiscreme servieren. Lecker!

TIPP:

Zimt und Haferflocken als extra Zutaten im Topping sorgen für noch mehr Biss und Aroma!

BLECHKUCHEN und SCHNITTEN

Kapitel vier

Mein HERZ schlägt für Blechkuchen

Mein Lieblingskapitel! Mein Herz schlägt nun einmal für Blechkuchen aller Art, egal ob cremige Schoko-Brownies oder mürbe Honigschnitten – sie machen viele Leckermäuler satt, sind leicht zu transportieren und perfekt für gesellige Runden!

In diesem Kapitel findest du **Marshmallow-Knusperwürfel**, **Erdnussbutter-Cornflakes-Riege**l, erfrischende **Zitronenschnitten** und vieles mehr.

Die Zutaten lassen sich beliebig kombinieren und austauschen, und so findet jeder etwas Passendes für seinen Geschmack. Mit einigen extra Zutaten kann man bei diesen Rezepten eigentlich nichts falsch machen.

Viel Spaß damit!

Himmlisches vom Blech

ZUTATEN · ZUTATEN · ZUTATEN · ZUTATEN · 3

KARAMELL-KEKS-SCHNITTEN

16 Stück

Karamellkekse, Marshmallows und Schokolade – was für ein Dream Team! Eine „Rocky Road" voller Schokogeschmack mit interessanten Texturen: knusprig, cremig, zart und doch mit Biss, dabei schnell und ganz ohne Backen zubereitet.

15 Minuten + 3 Stunden Kühlzeit

320 g Karamell-Keks-Schokoriegel (z. B. Twix), in 1 cm große Stücke geschnitten
70 g Mini-Marshmallows
525 g Vollmilchschokolade, in Stücke zerbrochen und geschmolzen (siehe Seite 17)

01 Eine quadratische Backform (20 x 20 cm) mit Backpapier auslegen (siehe Seite 16).

02 In einer Rührschüssel 260 g Karamell-Keks-Riegel und Mini-Marshmallows miteinander vermengen.

03 Die flüssige Vollmilchschokolade 5 Minuten abkühlen lassen (damit die Schokolade auf den Keksriegeln nicht schmilzt). Dann die Marshmallow-Keks-Mischung damit übergießen und verrühren, bis alles gut vermengt ist.

04 Die Masse in die Form füllen und glatt streichen. Die restlichen Schokoriegel in die Oberfläche drücken.

05 Mindestens 3 Stunden kalt stellen, bis die Schokolade fest ist. Mit einem scharfen, angewärmten Messer (siehe Seite 11) in 16 Würfel schneiden. Enjoy!

06 Die Schnitten halten sich luftdicht verschlossen im Kühlschrank oder bei Zimmertemperatur 4 Tage.

AUCH:

Mit anderen Schokoriegeln oder Keksen deiner Wahl schmecken die Schnitten jedes Mal anders.

3 Zutaten

NUSS-NOUGAT-BROWNIES

16 Stück

Unter der knusprigen Oberfläche dieser Schnitten sind köstliche Karamell- und Schokoaromen versteckt. Für diese traumhaft leckeren Brownies braucht man nur 3 Zutaten.

30 Minuten
+ Kühlzeit über Nacht (nach Belieben)

370 g Nuss-Nougat-Creme (z. B. Nutella)
2 Eier
65 g Weizenmehl Type 405

01 Den Backofen auf 180 °C (Ober-/Unterhitze), 160 °C (Umluft) oder Gas Stufe 2–3 vorheizen und eine quadratische Backform (20 x 20 cm) mit Backpapier auslegen (siehe Seite 16).

02 Nuss-Nougat-Creme und Eier in einer großen Rührschüssel mit dem Handrührgerät glatt rühren. Das Mehl mit einem Holzlöffel oder Spatel unterheben.

03 Den Teig in die Backform füllen und mit einem Löffel gleichmäßig glatt streichen.

04 Im Ofen 20 Minuten backen, bis sich eine dünne, knusprige Kruste bildet. In der Form 2–3 Stunden vollständig abkühlen lassen oder über Nacht in den Kühlschrank stellen, dann werden die Brownies besonders mürbe und lecker. In 16 Quadrate schneiden, servieren und genießen!

05 Die Brownies halten sich in einem luftdichten Behälter im Kühlschrank oder bei Zimmertemperatur 5 Tage.

TIPP:

Noch aromatischer werden die Brownies mit Schokochips, bunten Schokolinsen oder Nüssen.

TIPP:

Mit einer Lage Schokokekse mit Vanillecreme in der Mitte werden daraus Keks-Brownies!

3 ZUTATEN · ZUTATEN · ZUTATEN · ZUTATEN ·

SCHOKOKEKS-MARSHMALLOW-WÜRFEL

16 Stück

Süß, herrlich cremig und mit Schokokeksen mit Vanillecreme! Diese Würfel sind bestens geeignet als schneller Snack. Du kannst sie auch hübsch verpackt verschenken oder zum nächsten Picknick beisteuern!

15 Minuten
+ 1-2 Stunden Kühlzeit

56 Schokokekse mit Vanillecreme (z. B. Oreos)
30 g Butter (2 EL)
200 g Mini-Marshmallows

01 Eine quadratische Backform (20 x 20 cm) mit Backpapier auslegen (siehe Seite 16).

02 Die Schokokekse mit einem Messer auf einem Schneidbrett vierteln und beiseitestellen.

03 Die Butter mit den Marshmallows in einem großen Topf bei mittlerer Hitze unter ständigem Rühren mit einem Holzlöffel erwärmen, bis sie vollständig geschmolzen sind. Vom Herd nehmen und die zerkleinerten Kekse unterheben, bis sie vollständig überzogen sind.

04 Die Masse in die Form füllen und fest andrücken. Ist sie zu klebrig, mit einem angefeuchteten Glas festdrücken.

05 Die Masse 1–2 Stunden kalt stellen, bis sie fest ist, dann in 16 Würfel schneiden. Mmh!

06 Die Würfel halten sich in einem luftdichten Behälter im Kühlschrank 4 Tage.

MARSHMALLOW-KNUSPERWÜRFEL

ZUTATEN · ZUTATEN · ZUTATEN · 3

16 Stück

Ein einfaches Rezept für Marshmallow-Würfel ist in diesem Buch ein Muss. Sie sind köstlich und vielseitig, denn man kann dafür jede Art von knusprigen Cerealien verwenden und je nach Anlass mit weiteren Zutaten verfeinern. Leckere Alternativen sind Mini-Cookie-Müsli mit Schokochips, Puffreis mit Schokoüberzug oder bunte Schokolinsen.

15 Minuten
+ 1–2 Stunden Kühlzeit

100 g Butter (7 EL)
350 g Mini-Marshmallows
170 g Puffreis (z. B. Rice Krispies)

01 Eine quadratische Backform (20 x 20 cm) mit Backpapier auslegen (siehe Seite 16).

02 Butter und Mini-Marshmallows in einem großen Topf bei mittlerer Hitze unter ständigem Rühren mit einem Holzlöffel erhitzen, bis sie vollständig geschmolzen sind. Vom Herd nehmen und den Puffreis unterheben, bis er vollständig überzogen ist.

03 Die Masse in die Form füllen und fest andrücken. Ist sie zu klebrig, mit einem befeuchteten Glas festdrücken.

04 Die Masse 1–2 Stunden kalt stellen, bis sie fest ist. Dann in 16 Würfel schneiden und servieren.

05 Die Würfel halten sich in einem luftdichten Behälter bei Zimmertemperatur (nicht in den Kühlschrank stellen) 4 Tage.

TIPP:

Andere Cerealien nach Volumen und nicht nach Gewicht bemessen (also 6 Tassen davon verwenden).

3 ZUTATEN • ZUTATEN • ZUTATEN • ZUTATEN •

ERDNUSSBUTTER-CORNFLAKES-RIEGEL

16 Stück

Einfach lecker! Die nussig-süßen, knusprigen Riegel sind der perfekte schnelle Snack für zu Hause oder unterwegs. Sie sind in 10 Minuten zubereitet, dann einfach im Kühlschrank fest werden lassen – und fertig!

10 Minuten + 1-2 Stunden Kühlzeit

240 g cremige Erdnussbutter
250 ml Golden Syrup (Zuckerrübensirup oder Honig)
110 g Cornflakes

01 Eine quadratische Backform (20 x 20 cm) mit Backpapier auslegen (siehe Seite 16).

02 Erdnussbutter und Golden Syrup in einem großen Topf bei mittlerer Hitze unter ständigem Rühren mit einem Holzlöffel erhitzen, bis sie geschmolzen sind. Vom Herd nehmen und die Cornflakes unterheben, bis sie vollständig überzogen sind.

03 Die Masse in die Form füllen und fest andrücken. 1–2 Stunden kalt stellen, bis sie fest ist. Dann in 16 Würfel schneiden, servieren und genießen!

04 Die Riegel halten sich in einem luftdichten Behälter im Kühlschrank 3 Tage.

AUCH:

Ebenso köstlich werden die Riegel mit Spekulatiuscreme statt der Erdnussbutter.

4 ZUTATEN

HIMBEER-STREUSEL-SCHNITTEN

16 Stück

Diese Schnitten zergehen auf der Zunge! Ein Mürbeteigboden mit einer Füllung aus Himbeerkonfitüre, gekrönt von krossen Butterstreuseln. Sie schmecken im Sommer wie im Winter, zumal man sie mit unterschiedlichen Konfitüren abwandeln kann.

1 Stunde 10 Minuten

290 g Weizenmehl Type 405
160 g Kristallzucker
200 g kalte Butter, gewürfelt
200 g Himbeerkonfitüre

01 Den Backofen auf 180 °C (Ober-/Unterhitze), 160 °C (Umluft) oder Gas Stufe 2–3 vorheizen und eine quadratische Backform mit Backpapier (20 x 20 cm) auslegen (siehe Seite 16).

02 Mehl und Zucker in einer großen Rührschüssel vermengen, die Butter dazugeben und mit den Fingerspitzen krümelig verreiben. Zwei Drittel der Masse in die Form füllen und mit den Fingern oder einem Löffel fest andrücken. Den Rest der Streuselmasse kalt stellen.

03 Die Konfitüre gleichmäßig auf dem Boden verteilen. Die restliche Streuselmasse aus dem Kühlschrank nehmen und über die Füllung geben. Die Konfitüre sollte vollständig bedeckt sein.

04 Im Ofen 50–60 Minuten backen, bis die Schnitten knusprig und goldbraun sind. In der Backform abkühlen lassen und dann in 16 Quadrate schneiden. Lecker!

05 Die Schnitten halten sich in einem luftdichten Behälter bei Zimmertemperatur (nicht in den Kühlschrank stellen) 5 Tage.

AUCH:

Bei der Konfitüre hast du die Qual der Wahl. Sehr lecker ist auch Lemon Curd oder Nuss-Nougat-Creme.

ZUTATEN • ZUTATEN • ZUTATEN • ZUTATEN • 4

SCHOKO-MALZKUGEL-SCHNITTEN

16 Stück

Diese „Rocky Road" hat ganz viel Biss und ist wunderbar knusprig. Die in Schoko-Malz-Creme gebetteten Schoko-Malzkugeln und Mini-Marshmallows bleiben auch nach dem Kühlen weich und leicht zu schneiden. Einfach zum Anbeißen lecker!

15 Minuten
+ 3 Stunden Kühlzeit

250 g Schoko-Malzkugeln (z. B. Maltesers)
70 g Mini-Marshmallows
400 g Vollmilchschokolade, in Stücke zerbrochen
100 g Schoko-Malz-Creme (z. B. Maltesers-Brotaufstrich oder andere Schokocreme)

01 Eine quadratische Backform (20 x 20 cm) mit Backpapier auslegen (siehe Seite 16).

02 Schoko-Malzkugeln und Mini-Marshmallows in einer Rührschüssel vermengen und beiseitestellen.

03 Vollmilchschokolade und Nuss-Nougat-Creme in einer mittelgroßen geeigneten Schüssel auf höchster Stufe in 30-Sekunden-Intervallen erhitzen und zwischendurch umrühren, bis sie geschmolzen sind. Alternativ im Wasserbad schmelzen lassen (siehe Seite 17).

04 Die flüssige Schokomischung 5 Minuten abkühlen lassen (damit die Schokolade auf den Malzkugeln nicht schmilzt). Dann über die Marshmallow-Mischung gießen und rühren, bis alles gut vermengt ist.

05 Die Masse in die Form füllen und am Rand fest andrücken. 3 Stunden kalt stellen, bis die Schokolade fest ist. Mit einem scharfen Messer in 16 Stücke schneiden und genießen!

06 Die Schnitten halten sich in einem luftdichten Behälter im Kühlschrank oder bei Zimmertemperatur 4 Tage.

AUCH:

Wenn es noch süßer und cremiger sein soll, verwende weiße Schokolade statt Vollmilchschokolade.

SPEKULATIUS-SCHNITTEN

ZUTATEN · ZUTATEN · ZUTATEN · ZUTATEN
4

16 Stück

Wenn dich der Heißhunger auf Süßes packt, du aber keine Lust auf Backen hast, liegst du mit diesen Schnitten genau richtig. Sie sind auch perfekt für Kinder! Wer könnte Spekulatius, weißer Schokolade und Marshmallows schon widerstehen?

15 Minuten
+ 1 Stunde Kühlzeit

250 g Spekulatiuskekse (z. B. Biscoff) + einige zum Garnieren (nach Belieben)
50 g Mini-Marshmallows
510 g weiße Schokolade, in Stücke zerbrochen
90 g Spekulatiuscreme (6 EL, z. B. Biscoff)

01 Eine quadratische Backform (20 x 20 cm) mit Backpapier auslegen (siehe Seite 16).

02 Die Kekse in einer Schüssel mit den Händen grob zerkleinern oder mit einem Messer auf einem Schneidebrett hacken. In eine große hitzebeständige Schüssel füllen und die Mini-Marshmallows unterheben. Beiseitestellen.

03 Die weiße Schokolade und Spekulatiuscreme in einer mittelgroßen geeigneten Schüssel in der Mikrowelle in 30-Sekunden-Intervallen auf höchste Stufe erhitzen und zwischendurch umrühren, bis sie geschmolzen sind. Beiseitestellen. Alternativ beides im Wasserbad schmelzen (siehe Seite 17).

04 Die restliche Spekulatiuscreme in einer zweiten geeigneten Schüssel in 20-Sekunden-Intervallen auf höchster Stufe in der Mikrowelle erwärmen und zwischendurch umrühren, bis die Creme glatt ist. Die flüssige Schokoladenmischung über die Marshmallow-Mischung gießen und mit einem Holzlöffel oder Spatel vermengen. In die Form füllen und fest andrücken. Nach Belieben mit weiteren Keksen belegen. Mindestens 1 Stunde im Kühlschrank fest werden lassen.

05 Etwa 10 Minuten vor dem Servieren aus dem Kühlschrank nehmen, in 16 Quadrate schneiden und genießen!

06 Die Schnitten halten sich in einem luftdichten Behälter im Kühlschrank oder bei Zimmertemperatur 4 Tage.

ZUTATEN · 4 · ZUTATEN · ZUTATEN · ZUTATEN

SCHOKOKEKS-ZAUBERSCHNITTEN

20 Stück

Der Name ist Programm: Die Schnitten sind zauberhaft süß, schokoladig, knusprig und weich zugleich. Dabei sind sie ruckzuck fertig, denn man gibt einfach alles ohne Rühren in die Backform und ab geht's in den Ofen!

45 Minuten

- 300 g Schokokekse mit Vanillecreme (z. B. Oreos) + 20 in Stücke zerbrochene Kekse
- 110 g zerlassene Butter
- 1 Dose Kondensmilch (400 g)
- 300 g weiße oder Vollmilchschokoladen-chips

01 Den Backofen auf 180 °C (Ober-/Unterhitze), 160 °C (Umluft) oder Gas Stufe 2–3 vorheizen und eine rechteckige Backform (20 x 25 cm) mit Backpapier auslegen (siehe Seite 16).

02 In der Küchenmaschine 300 g Kekse fein zerkleinern oder die Kekse in einem Plastikbeutel mit einem Nudelholz zerdrücken. Die Krümel in eine mittelgroße Rührschüssel geben, die zerlassene Butter hinzufügen und beides mit einem Holzlöffel gründlich vermengen.

03 In die Form füllen und mit einem Löffel fest andrücken. Mit der Kondensmilch beträufeln. Mit den Schokochips und den restlichen Keksstücken bestreuen und den Belag mit einer Gabel fest andrücken.

04 Im Ofen 30–35 Minuten backen, bis die Ränder knusprig sind. In der Form abkühlen lassen, dann in 20 Stücke schneiden.

05 Die Schnitten halten sich in einem luftdichten Behälter im Kühlschrank oder bei Zimmertemperatur bis zu 5 Tage.

AUCH:

Statt der Schoko-Spekulatiuskekse nehmen. Nach dem Abkühlen mit geschmolzener Spekulatiuscreme beträufeln.

4 ZUTATEN

HONIG-HAFERSCHNITTEN

16 Stück

Ich liebe diese traditionsreichen Haferschnitten, aber nur, wenn sie weich und saftig sind und nicht so trocken und bröselig, dass man damit alles vollkrümelt! Meine Version ist im Handumdrehen zubereitet und ein Gedicht. Beim Topping und anderen Extras hast du die freie Wahl. Toll sind beispielsweise Spekulatius- oder Schokocreme.

30 Minuten

150 g Butter
120 g Rohrzucker
80 ml Honig
280 g kernige Haferflocken

01 Den Backofen auf 180 °C (Ober-/Unterhitze), 160 °C (Umluft) oder Gas Stufe 2–3 vorheizen und eine quadratische Backform (20 x 20 cm) mit Backpapier auslegen (siehe Seite 16).

02 Butter, Zucker und Honig in einem großen Topf bei mittlerer Hitze unter Rühren mit einem Holzlöffel schmelzen lassen. Vom Herd nehmen und die Haferflocken unterheben, bis sie vollständig überzogen sind. In die Form füllen und glatt streichen.

03 Im Ofen 20 Minuten backen, bis die Ränder knusprig und goldbraun sind, die Mitte aber noch leicht nachgibt (das ist das Geheimnis guter Honigschnitten). In der Form abkühlen lassen und dann in 16 Würfel schneiden. Lecker!

04 Die Schnitten halten sich in einem luftdichten Behälter 5 Tage.

TIPP:

Nur die Hälfte der Masse in die Form füllen, Konfitüre darauf verteilen und mit dem restlichen Teig bedecken.

5 Zutaten · Zutaten · Zutaten · Zutaten

ERDNUSSBUTTER-BLONDIES

16 Stück

Wer Erdnussbutter mag, wird diese Blondies lieben! Mit nur 5 Zutaten sind sie super einfach zubereitet, und das ganz ohne Eier. Extras wie Erdnussbutterpralinen und weiße Schokolade ergeben den ultimativen Erdnussbutter-Kick.

40 Minuten

200 g Rohrzucker
60 ml Pflanzenöl (4 EL)
185 g cremige Erdnussbutter
130 g Weizenmehl Type 405
60 ml zimmerwarme Vollmilch

EXTRAS (OPTIONAL)
90 g Erdnussbutterpralinen, gehackt
90 g weiße Schokolade, in Stücke gehackt

01 Den Backofen auf 180 °C (Ober-/Unterhitze), 160 °C (Umluft) oder Gas Stufe 2–3 vorheizen und eine quadratische Backform (20 x 20 cm) mit Backpapier auslegen (siehe Seite 16).

02 Zucker, Öl und Erdnussbutter in einer großen Rührschüssel mit einem Handrührgerät glatt rühren. Das Mehl mit einem Holzlöffel oder Spatel unterheben. Dann die Milch dazugießen und glatt rühren. Nach Belieben Erdnussbutterpralinen und weiße Schokolade unterheben.

03 Den Teig in die Form füllen und glatt streichen. Im Ofen 25-30 Minuten backen, bis sie goldgelb sind und die Mitte noch leicht nachgibt. In der Form abkühlen lassen (so werden die Blondies fester) und dann in 16 Quadrate schneiden. Enjoy!

04 Die Schnitten halten sich in einem luftdichten Behälter bei Zimmertemperatur 4 Tage.

AUCH:

Wer mag, ersetzt die Erdnussbutterpralinen durch bunte Schokolinsen oder Schokochips.

ZUTATEN • ZUTATEN • ZUTATEN • ZUTATEN • 5

NO-BAKE SPEKULATIUSSCHNITTEN

16 Stück

Mittlerweile ist wahrscheinlich klar, dass ich ein Spekulatius-Junkie bin! Diese Schnitten gehören zu meinen Favoriten. Schnell und ganz einfach zubereitet, ist die Kombi von Spekulatius und weißer Schokolade für Naschkatzen wie mich ein Traum!

20 Minuten
+ 2 Stunden Kühlzeit

90 g Spekulatiuskekse (z. B. Biscoff)
250 g Puderzucker
120 g zerlassene Butter
290 g Spekulatiuscreme (z. B. Biscoff)
200 g weiße Schokolade, in Stücke zerbrochen

01 Eine quadratische Backform (20 x 20 cm) mit Backpapier auslegen (siehe Seite 16).

02 Die Kekse in der Küchenmaschine fein zerkleinern oder in einem Plastikbeutel mit einem Nudelholz zerdrücken. In einer Rührschüssel die Krümel mit einem Holzlöffel mit Puderzucker und Butter vermengen.

03 Mit einem Holzlöffel oder Spatel 240 g Spekulatiuscreme unter die Masse heben. In die Form füllen und fest andrücken, dann kalt stellen.

04 Die Schokolade in einer Schüssel in der Mikrowelle in 30-Sekunden-Intervallen auf höchster Stufe erhitzen. Zwischendurch umrühren, bis sie geschmolzen ist. Beiseitestellen.

05 Die restliche Spekulatiuscreme in einer zweiten Schüssel in 20-Sekunden-Intervallen auf höchster Stufe in der Mikrowelle erhitzen. Zwischendurch umrühren, bis die Creme flüssig ist.

06 Den Boden aus dem Kühlschrank nehmen, die flüssige Schokolade darauf verteilen und gleichmäßig verstreichen. Die Form schwenken, damit die Oberfläche glatt wird. Die flüssige Spekulatiuscreme darauf verteilen und mit einem Messer oder Spieß ein Wirbelmuster in die Schichten ziehen.

07 Die Masse mindestens 2 Stunden im Kühlschrank fest werden lassen. 10 Minuten vor dem Servieren aus dem Kühlschrank nehmen, in 16 Quadrate schneiden und genießen!

08 Die Schnitten halten sich in einem luftdichten Behälter im Kühlschrank oder bei Zimmertemperatur 5 Tage.

AUCH:

Statt Spekulatiuscreme und -keksen passen auch Nuss-Nougat-Creme und Vollkornkekse.

5 ZUTATEN • ZUTATEN • ZUTATEN • ZUTATEN •

APFELSCHNITTEN

16 Stück

Apfelkuchen geht immer. Dieser kommt mit nur 5 Zutaten aus, ist schnell und einfach zubereitet und bei mir zu Hause der Hit. Noch warm mit Eiscreme serviert oder auch pur einfach sensationell!

1 Stunde

260 g Mehl-Backpulver-Mischung (siehe Seite 17)
200 g feinster Zucker + 2 EL zum Bestreuen
3 große Äpfel, geschält, entkernt und gewürfelt
130 g zerlassene, abgekühlte Butter
1 Ei

01 Den Backofen auf 180 °C (Ober-/Unterhitze), 160 °C (Umluft) oder Gas Stufe 2–3 vorheizen und eine quadratische Backform (20 x 20 cm) mit Backpapier auslegen (siehe Seite 16).

02 Die Mehlmischung mit 200 g Zucker in einer großen Rührschüssel vermengen und die Apfelstücke darin wenden. Die Butter und das Ei dazugeben und alles mit einem Holzlöffel verrühren.

03 Den Teig in die Form füllen, glatt streichen und mit dem restlichen Zucker bestreuen (der Zucker karamellisiert beim Backen und wird herrlich knusprig).

04 Im Ofen 40–45 Minuten goldbraun backen, bis an einem in die Kuchen gesteckten Holzstäbchen kein Teig mehr anhaftet. In der Form vollständig abkühlen lassen, dann in 16 Stücke schneiden.

05 Die Schnitten halten sich in einem luftdichten Behälter im Kühlschrank oder bei Zimmertemperatur 4 Tage.

TIPP:

Durch etwas Zimtpulver, das über die Apfelstücke gestreut wird, entsteht eine wahre Aroma-Explosion!

5 Zutaten • Zutaten • Zutaten • Zutaten

ERFRISCHENDE ZITRONENSCHNITTEN

16 Stück

Diese säuerlich-spritzigen Schnitten sind der perfekte Snack für einen Sommertag im Garten. Sie sind super einfach zubereitet und das Richtige, wenn du gerade Lust auf Saures hast!

50 Minuten

FÜR DEN MÜRBETEIG

150 g zimmerwarme Butter
75 g Kristallzucker (6 EL)
210 g Weizenmehl Type 405

FÜR DEN ZITRONENGUSS

55 g Weizenmehl Type 405
300 g Kristallzucker
4 Eier
100 ml Zitronensaft (von 2 Zitronen)

01 Den Backofen auf 180 °C (Ober-/Unterhitze), 160 °C (Umluft) oder Gas Stufe 2–3 vorheizen und eine rechteckige Backform (20 x 25 cm) mit Backpapier auslegen (siehe Seite 16).

02 Alle Zutaten für den Mürbeteig in einer großen Rührschüssel mit den Händen zu einem krümeligen Teig verreiben. In die Form füllen und mit den Händen oder einem Löffel fest andrücken.

03 Im Ofen 15–20 Minuten goldbraun backen.

04 Inzwischen für den Guss in einer zweiten Schüssel Mehl und Zucker mit einem Schneebesen vermengen, dann Eier und Zitronensaft unterziehen und alles schaumig aufschlagen.

05 Den Mürbeteig aus dem Ofen nehmen, den Zitronenguss vorsichtig darauf verteilen und alles weitere 20 Minuten backen, bis der Guss fest ist. In der Form vollständig abkühlen lassen, dann in 16 Streifen schneiden und servieren (die Schnittkanten werden sauberer und die Schnitten fester, wenn man den Kuchen vorher 2 Stunden kalt stellt).

06 Die Schnitten halten sich in einem luftdichten Behälter im Kühlschrank 5 Tage.

TIPP:

Die abgekühlten Schnitten vor dem Servieren mit Puderzucker bestäuben.

NUSSIGE KARAMELLWÜRFEL

16 Stück

Diese Würfel sind herrlich knusprig, schokoladig und nussig und haben dank der Karamell-Erdnuss-Schokoriegel ganz viel Biss. Mit nur 5 einfachen Zutaten sind sie im Handumdrehen zubereitet und doch köstlich. Ein Hit für Partys, Picknicks und den Nachmittagskaffee.

15 Minuten + 3 Stunden Kühlzeit

250 g Erdnuss-Karamell-Schokoriegel (z. B. Snickers), in kleine Stücke gehackt
125 g Butter
30 g Golden Syrup (Zuckerrübensirup, oder Honig)
120 g Puffreis (z. B. Rice Krispies)
400 g Vollmilchschokolade, in Stücke zerbrochen und geschmolzen (siehe Seite 17)

01 Eine quadratische Backform (20 x 20 cm) mit Backpapier auslegen (siehe Seite 16).

02 In einem mittelgroßen Topf 200 g Schokoriegelstücke mit Butter und Sirup bei mittlerer Hitze unter ständigem Rühren mit einem Holzlöffel erhitzen, bis alles geschmolzen ist (Stücke der Schokoriegel sollten aber noch erkennbar sein).

03 Den Puffreis in einer großen hitzebeständigen Rührschüssel mit der geschmolzenen Schokolade übergießen und gut vermengen. Die Masse in die Backform füllen und mit einem Löffel fest andrücken.

04 Die flüssige Vollmilchschokolade darauf verteilen und glatt streichen. Dabei die Form etwas schwenken, damit die Oberfläche glatt wird. Mit den restlichen gehackten Schokoriegeln bestreuen.

05 Mindestens 3 Stunden im Kühlschrank fest werden lassen, dann in 16 Würfel schneiden und servieren.

06 Die Schnitten halten sich in einem luftdichten Behälter bei Zimmertemperatur (nicht in den Kühlschrank stellen) 5 Tage.

AUCH:

Etwas weicher, aber auch sehr lecker werden die Würfel mit Nougat-Karamell-Schokoriegeln.

KEKSE, COOKIES *und* WEITERES FLACHGEBÄCK

Kapitel fünf

Für Kekse habe ich eine kleine Schwäche

Das wissen alle, die mich kennen … Denn Kekse sind nicht nur schnell zubereitet, genialerweise kann man so ziemlich alles in den Teig geben, was man mag. Die Möglichkeiten sind unbegrenzt.

Hier findest du eine bunte Mischung aus Keksen und Cookies mit nur 3 Zutaten, gebacken mit köstlicher Erdnussbutter, Nuss-Nougat- oder Spekulatiuscreme, aber auch Klassiker wie etwa Shortbread mit Schokostückchen sind darunter. Einfach lecker!

Meine absoluten Favoriten sind die **Mürben Chocolate-Chip-Cookies** und der **gefüllte Cookiekuchen** aus dem Kapitel „Meine All-Stars" (Seite 248 und 220).

Butterweich!

3 ZUTATEN • ZUTATEN • ZUTATEN • ZUTATEN •

ERDNUSSBUTTER-KEKSE

16 Stück

Ohne diese wunderbar mürben Kekse wäre das Buch nicht vollständig. Sie sind im Nu zubereitet und schmecken nach Erdnussbutter pur – perfekt zu einer Tasse Tee oder Kaffee.

15 Minuten

250 g cremige Erdnussbutter
200 g Kristallzucker + etwas zum Bestreuen
1 Ei

01 Den Backofen auf 180 °C (Ober-/Unterhitze), 160 °C (Umluft) oder Gas Stufe 2–3 vorheizen.

02 Erdnussbutter, Zucker und Ei in einer großen Rührschüssel mit dem Schneebesen glattrühren.

03 2 Esslöffel Teig abnehmen und zu einer Kugel formen, auf ein antihaftbeschichtetes Backblech (siehe Seite 11) setzen und mit den Zinken einer Gabel flach drücken, sodass ein Rillenmuster entsteht. Den restlichen Teig ebenso verarbeiten. Der Abstand zwischen den Keksen sollte mindestens 7,5 cm betragen.

04 Im Ofen 8–9 Minuten goldbraun und knusprig backen. Noch mit etwas Zucker bestreuen und mindestens 10 Minuten auf dem Blech abkühlen lassen, dann auf ein Kuchengitter setzen und vollständig auskühlen lassen.

05 Die Kekse halten sich luftdicht verschlossen bei Zimmertemperatur 4 Tage.

TIPP:

Verfeinere den Teig durch die Zugabe von Schokochips oder anderen leckeren Zutaten bei Schritt 2!

3 ZUTATEN • ZUTATEN • ZUTATEN • ZUTATEN •

NUSS-NOUGAT-KEKSE

5 Stück

Schneller und einfacher geht's nicht! Mürbe, knusprig, soooo schokoladig und ein toller Snack für zwischendurch – diese Kekse eignen sich auch für den Picknickkorb oder die Lunchbox.

15 Minuten

100 g Nuss-Nougat-Creme (5 ½ EL, z. B. Nutella)
60 g Weizenmehl (7 EL) Type 405 + bei Bedarf mehr
2 EL Vollmilch + bei Bedarf mehr

01 Den Backofen auf 180 °C (Ober-/Unterhitze), 160 °C (Umluft) oder Gas Stufe 2–3 vorheizen.

02 Alle Zutaten in einer kleinen Schüssel mit dem Rührlöffel zu einem glatten Teig verarbeiten. Ist er zu krümelig, noch etwas Milch zugeben; bei klebrigem Teig hilft etwas Mehl.

03 In 5 gleich große Stücke teilen, jeweils zu Kugeln formen und mit einem Abstand von etwa 7,5 cm auf ein antihaftbeschichtetes Backblech (siehe Seite 11) setzen. Leicht flach drücken.

04 Im Ofen 8–9 Minuten backen, bis die Ränder leicht knusprig sind. 10 Minuten auf dem Blech abkühlen lassen, dann auf ein Kuchengitter setzen und vollständig auskühlen lassen.

05 Die Kekse halten sich luftdicht verschlossen bei Zimmertemperatur 4 Tage.

AUCH:

Eine tolle Alternative zur Nuss-Nougat-Creme ist beispielsweise Spekulatiuscreme.

3 ZUTATEN

WEICHE SPEKULATIUS-COOKIES

6 Stück

Wer Spekulatiuscreme und Zimtaromen liebt, wird diesen Cookies nicht widerstehen können. Sie sind butterweich und trotzdem knusprig – kaum zu glauben, dass sie aus nur 3 Zutaten bestehen! Und falls du gerade weiße Schokochips zur Hand hast: Sie schmecken himmlisch in diesem Rezept.

15 Minuten

300 g Spekulatiuscreme (z. B. Biscoff)
85 g Weizenmehl Type 405
1 Ei

01 Den Backofen auf 200 °C (Ober-/Unterhitze), 180 °C (Umluft) oder Gas Stufe 3–4 vorheizen.

02 Alle Zutaten in eine mittelgroße Rührschüssel geben und mit dem Rührlöffel zu einem glatten Teig verarbeiten.

03 In 6 gleich große Stücke teilen, jeweils zu Kugeln formen und mit einem Abstand von mindestens 10 cm auf ein antihaftbeschichtetes Backblech (siehe Seite 11) setzen.

04 Im Ofen 10 Minuten backen, bis sich leichte Risse in der Oberfläche der Cookies bilden und die Ränder knusprig sind. Mindestens 10 Minuten auf dem Blech abkühlen lassen, dann auf ein Kuchengitter setzen und vollständig auskühlen lassen.

05 Die Cookies halten sich luftdicht verschlossen bei Zimmertemperatur 4 Tage.

AUCH:

Verwende Nuss-Nougat- statt Spekulatiuscreme – so schmecken die Cookies noch schokoladiger!

TIPP:

Für einen optischen Kick sorgt die Zugabe von weißen Schokochips oder bunten Schokolinsen bei Schritt 2.

SCHNELLE MARMELADEN-TARTELETTEN

ZUTATEN · ZUTATEN · ZUTATEN · ZUTATEN · 3

12 Stück

Es gibt nichts Besseres als selbst gebackene Marmeladentarteletten, die duftend warm aus dem Ofen kommen. Besonders praktisch: Durch die Verwendung von Fertigteig brauchst du für die Zubereitung nur 30 Minuten. Statt deiner Lieblingsmarmelade kannst du auch mehrere Sorten mischen. Die Tarteletten sind köstlich zum Tee und eignen sich auch für die Zubereitung mit Kindern.

30 Minuten

Butter für die Form
320 g backfertiger Mürbe- oder Tarteteig
12 TL Marmelade (nach Belieben)
1 Ei, verquirlt

01 Den Backofen auf 180 °C (Ober-/Unterhitze), 160 °C (Umluft) oder Gas Stufe 2–3 vorheizen. Ein Muffinblech mit 12 Mulden mit Butter einfetten.

02 Den Teig nach Packungsanweisung auf einer Arbeitsfläche ausrollen und mit einer gewellten Ausstechform 12 Kreise ausstechen. Der Durchmesser sollte etwa 1 cm größer sein als der der Mulden. Vorsichtig die Teigkreise in die Mulden drücken.

03 Jeweils 1 Teelöffel der Marmelade auf die Kreise setzen. Nicht zu viel Marmelade verwenden, sonst läuft sie beim Backen über den Rand der Tarteletten. Die Ränder der Teigkreise mit verquirltem Ei bestreichen.

04 Im Ofen 10–12 Minuten backen, bis die Ränder hellbraun sind. 10 Minuten auf dem Blech abkühlen lassen, dann auf ein Kuchengitter setzen und vollständig auskühlen lassen.

05 Die Tarteletten halten sich luftdicht verschlossen bei Zimmertemperatur 4 Tage.

TIPP:

Schmeckt ebenso lecker mit anderen Marmeladensorten. Auch Lemon Curd oder Ähnliches ist köstlich!

4 ZUTATEN • ZUTATEN • ZUTATEN • ZUTATEN •

NO-BAKE SCHOKOLADENTARTE

12 Portionen

Bei dieser üppigen Schokotarte vermutet man gar nicht, dass sie mit nur 4 Zutaten auskommt. Mit ihrem buttrigen Keksboden und dem Belag aus zartbitterer Schokoladenganache ist sie der krönende Abschluss eines festlichen Abendessens.

20 Minuten
+ 3 Stunden Kühlzeit

Butter für die Form
350 g Vollkornkekse (oder Graham Crackers)
180 g Butter, zerlassen
340 g Zartbitterschokochips (oder Zartbitterschokolade, in kleine Stücke zerbrochen, mind. 50 % Kakaoanteil)
235 g Crème double

01 Eine Tarteform mit losem Boden (Ø 23 cm) einfetten.

02 Die Kekse in einer Küchenmaschine fein zerkleinern. Alternativ in einem Plastikbeutel mit dem Nudelholz zerdrücken. In einer mittelgroßen Schüssel mit der zerlassenen Butter glatt rühren.

03 Die Masse in die Form füllen und den Rand mit der Unterseite eines Glases und den Fingern formen. Kalt stellen.

04 Inzwischen die Schokochips in eine ofenfeste Schüssel geben. Die Crème double in ein mikrowellengeeignetes Kännchen geben und auf höchster Stufe etwa 1 Minute 20 Sekunden in der Mikrowelle erwärmen, sie darf aber nicht kochen. Die heiße Crème double über die Schokochips gießen und etwa 2 Minuten stehen lassen.

05 Den Crème-Schoko-Mix vorsichtig glatt rühren. Den Keksboden aus dem Kühlschrank nehmen und die Schokoladenmasse darüber gießen. 3 Stunden kalt stellen oder bis der Belag fest ist (am besten über Nacht).

06 Vor dem Servieren die Tarte aus der Backform lösen und in 12 Stücke teilen.

07 Die Tarte hält sich im Kühlschrank 4 Tage.

AUCH:

Noch schokoladiger schmeckt die Tarte mit Schokokeksen – dann brauchst du nur 150 g Butter.

Serviervorschlag

Die Tarte mit Eis, Beeren, Puderzucker oder Karamellsauce und etwas Salz garnieren: Das unterstreicht den Geschmack.

4 ZUTATEN • ZUTATEN • ZUTATEN • ZUTATEN •

KONDENSMILCH-KEKSE

8 Stück

Die buttrig süßen Kekse zergehen förmlich auf der Zunge! Perfekt für ein Picknick im Grünen, zu einer Tasse Tee oder als Snack für zwischendurch. Die Füllung lässt sich nach Belieben variieren: mit Spekulatius- oder Nuss-Nougat-Creme, Lemon Curd, Erdnussbutter oder auch geschmolzener Schokolade.

25 Minuten
+ 30 Minuten Abkühlzeit

110 g kalte Butter (7½ EL), gewürfelt
175 g Weizenmehl Type 405, + bei Bedarf mehr und etwas zum Bestäuben
60 ml Kondensmilch (4 EL)
8 TL Marmelade (nach Belieben)

AUCH:

Als Füllung passt auch Lemon Curd, Erdnussbutter, Spekulatius- oder Nuss-Nougat-Creme.

01 Den Backofen auf 180 °C (Ober-/Unterhitze), 160 °C (Umluft) oder Gas Stufe 2–3 vorheizen.

02 Butter und Mehl in einer großen Rührschüssel mit den Fingerspitzen verreiben, bis die Masse krümelig ist. Die Kondensmilch einrühren und mit den Händen zu einem glatten Teig verarbeiten. Wenn er noch zu klebrig ist, esslöffelweise Mehl hinzufügen.

03 Den Teig auf einer bemehlten Arbeitsfläche etwa 5 mm dick ausrollen. Mit einer kleinen runden Ausstechform 16 Kreise ausstechen und dabei die Teigreste zwischendurch erneut ausrollen. Bei der Hälfte der Kreise mittig ein Loch mit einer umgekehrten Spritztülle oder einem Flaschendeckel ausstechen. Die Teigkreise mit einem Abstand von etwa 2,5 cm auf ein antihaftbeschichtetes Backblech (siehe Seite 11) setzen.

04 Im Ofen 10 Minuten hellbraun backen und auf dem Blech vollständig auskühlen lassen.

05 Anschließend etwas Marmelade in die Mitte der Keksböden (die ohne Loch) geben und die Keksdeckel aufsetzen. Durch die Marmelade haften die Deckel gut.

06 Die Kekse halten sich luftdicht verschlossen bei Zimmertemperatur 4 Tage.

4 ZUTATEN · ZUTATEN · ZUTATEN · ZUTATEN ·

SCHOKOZIEGEL

16 Stück

Während meiner Schulzeit gab es diese Kuchen als „chocolate bricks“ im Café. Damals holte ich sie mir praktisch in jeder Pause: frisch aus dem Backofen, wunderbar mürbe und noch warm. Sie sehen so ähnlich aus wie Schokoladenbrownies, schmecken aber eher wie butterweiches Schoko-Shortbread. Einfach traumhaft!

45 Minuten

300 g Kristallzucker + etwas zum Bestreuen
50 g Kakaopulver
400 g Weizenmehl Type 405
300 g Margarine (oder Butter), zerlassen

01 Den Backofen auf 170 °C (Ober-/Unterhitze), 150 °C (Umluft) oder Gas Stufe 2 vorheizen und eine rechteckige Backform (20 x 25 cm) mit Backpapier auslegen (siehe Seite 16).

02 Zucker, Kakaopulver und Mehl in eine große Rührschüssel geben und mit dem Schneebesen glatt rühren. Die zerlassene Margarine hinzufügen und mit einem Holzlöffel oder Spatel zu einem festen Teig verarbeiten.

03 Den Teig in die Backform geben und mit den Händen oder einem Löffelrücken fest andrücken. Mit Wasser bestreichen und mit etwas Zucker bestreuen.

04 Im Ofen 30–35 Minuten backen, bis die Oberseite fest ist, bei Druck aber noch nachgibt. In der Backform vollständig auskühlen lassen und in 16 Stücke schneiden. Enjoy!

05 Die Schokoziegel halten sich luftdicht verschlossen bei Zimmertemperatur 4 Tage.

TIPP:

Auch lecker mit Schokochips. Oder serviere sie mit pink eingefärbter Vanillesauce!

SHORTBREAD-ECKEN MIT SCHOKOCHIPS

ZUTATEN · ZUTATEN · ZUTATEN · ZUTATEN · 4

16 Stück

Ein echter Klassiker: das weiche Shortbread mit Schokostückchen und einer feinen Knusperkruste. Die Zubereitung ist so einfach, dass sich die Anleitung fast schon erübrigt. Serviere es mit Tee oder Kaffee oder auch einem Glas kalter Milch. Göttlich!

40 Minuten

225 g Butter, zimmerwarm
115 g Kristallzucker (9 EL) + 2 EL zum Bestreuen
320 g Weizenmehl Type 405
120 g Zartbitter- oder Vollmilchschokochips (9 EL)

01 Den Backofen auf 180 °C (Ober-/Unterhitze), 160 °C (Umluft) oder Gas Stufe 2–3 vorheizen und eine quadratische Backform (20 x 20 cm) mit Backpapier auslegen (siehe Seite 16).

02 Butter, Zucker und Mehl in einer großen Rührschüssel mit den Fingerspitzen verreiben, bis die Masse gebunden und krümelig ist. 90 g Schokochips hinzufügen und mit einem Holzlöffel oder Spatel gleichmäßig unterheben.

03 Den Teig in die Backform geben und mit den Händen oder einem Löffelrücken fest andrücken. Die restlichen Schokochips in den Teig drücken und alles mit 2 Esslöffeln Zucker bestreuen – so entsteht beim Backen eine feine Zuckerkruste.

04 Im Ofen 25–30 Minuten backen, bis die Ränder hellbraun sind und die Oberseite fest ist, bei Druck aber noch nachgibt. In der Backform vollständig auskühlen lassen und in 16 quadratische Stücke schneiden. Enjoy!

05 Die Ecken halten sich luftdicht verschlossen bei Zimmertemperatur 4 Tage.

TIPP:

Nicht zu lange backen! Das Shortbread soll noch weich und nur leicht gebräunt sein.

5 ZUTATEN · ZUTATEN · ZUTATEN · ZUTATEN ·

CREMIGE CHEESECAKE-COOKIES

12 Stück

Die verlockenden Aromen von Cheesecake und Schokokeksen – hier vereint in Form von Cookies. Für mich ist das ein Traum, der wahr geworden ist! Diese Cookies sind herrlich mürbe und kommen ganz ohne Eier aus.

20 Minuten + 1 Stunde Kühlzeit

- 115 g Butter (8 EL), zimmerwarm
- 115 g Doppelrahm-frischkäse
- 200 g Kristallzucker
- 120 g Weizenmehl Type 405
- 10 Schokokekse mit Vanillecreme (z. B. Oreos), in kleine Stücke zerbrochen

01 Den Backofen auf 180 °C (Ober-/Unterhitze), 160 °C (Umluft) oder Gas Stufe 2–3 vorheizen.

02 Butter und Frischkäse in einer großen Rührschüssel mit dem Handrührgerät cremig schlagen. Den Zucker dazugeben und alles verrühren. Dann das Mehl mit einem Holzlöffel oder Spatel unterziehen.

03 Die Keksstücke gleichmäßig unterheben. Die Schüssel mit Frischhaltefolie abdecken und 1 Stunde kalt stellen.

04 Etwa 2 Esslöffel Teig abnehmen und auf ein antihaftbeschichtetes Backblech (siehe Seite 11) setzen. Den restlichen Teig ebenso verarbeiten. Es sollten 12 Cookies entstehen. Der Abstand zwischen ihnen sollte mindestens 10 cm betragen.

05 Im Ofen 10 Minuten backen, bis die Ränder goldbraun sind. 15 Minuten auf dem Blech abkühlen lassen, dann auf ein Kuchengitter setzen und vollständig auskühlen lassen.

06 Die Cookies halten sich luftdicht verschlossen im Kühlschrank 3 Tage.

TIPP:

Verwende hochwertigen Frischkäse (z. B. Philadelphia) und gieße die überschüssige Flüssigkeit ab.

5 ZUTATEN · ZUTATEN · ZUTATEN · ZUTATEN ·

S'MORES-TARTE

8 Portionen

Marshmallows, geschmolzene Schokolade, Zimt und ofenwarmer Teig – diese Tarte ist schnell zubereitet, und man muss dafür nicht einmal Zutaten mischen. Toll für Kinder, und das zu jeder Jahreszeit.

30 Minuten

320 g backfertiger Mürbe- oder Tarteteig
2 EL Kristallzucker
1 TL Zimtpulver
500 g Vollmilchschokoriegel
40 Marshmallows

01 Den Backofen auf 200 °C (Ober-/Unterhitze), 180 °C (Umluft) oder Gas Stufe 3–4 vorheizen und ein großes Backblech mit Backpapier auslegen.

02 Den Teig nach Packungsanweisung auf dem Backblech ausrollen. Wenn er aus zwei kleineren Stücken besteht, diese aneinandersetzen und zu einem Rechteck mit den Maßen 35 x 23 cm zuschneiden. Die Reste zu einem 1 cm breiten Rand darumlegen. 10 Minuten backen.

03 Inzwischen Zucker und Zimt in einer kleinen Schale vermischen.

04 Den Teigboden aus dem Backofen holen und gleichmäßig mit der Zimt-Zucker-Mischung bestreuen. Mit den Schokoriegeln belegen und die Marshmallows daraufsetzen, dabei darauf achten, dass die Teigränder frei bleiben.

05 Im Ofen weitere 10–15 Minuten backen, bis die Marshmallows knusprig und goldbraun sind und der Teig fertig gebacken ist. Nach Wunsch die Tarte noch einige Minuten in den vorgeheizten Grill schieben oder mit einem Flambierbrenner anrösten.

06 Die Tarte 5 Minuten abkühlen lassen, in 8 Stücke schneiden und servieren. Enjoy!

TIPP:

Diese Tarte eignet sich auch für die Zubereitung im Pizzaofen!

EISCREME, SHAKES *und* GEKÜHLTE DESSERTS

Kapitel sechs

Erfrischend, köstlich und cremig

Die Rezepte in diesem Kapitel zu testen, hat mir am meisten Spaß gemacht. Lust auf etwas Erfrischendes und Cremiges? Dann bist du hier genau richtig.

In diesem Kapitel findest du Eiscremes und eine **Crème brûlée** aus nur drei Zutaten, sämige Milchshakes, **Mini-Cheesecakes** (mit 5 Zutaten) sowie ein 4-Zutaten-Rezept für **Spekulatius-lasagne**. Diese Desserts sind perfekt für die Sommermonate oder wann immer du eine erfrischende Abkühlung brauchst. Hier noch einige Tipps für die Zubereitung:

- **Verwende hochwertigen zimmerwarmen Doppelrahm-frischkäse** für den Cheesecake und gieß überschüssige Flüssigkeit ab. So wird der Belag schön fest.

- **Achte darauf, Crème double oder Konditorsahne mit einem Fettgehalt von mindestens 35 % zu benutzen** – keine fettreduzierte Sahne.

- **Verwende am besten gezuckerte Kondensmilch** anstatt ungezuckerte.

Ein Traum!

3 ZUTATEN

SCHOKOKEKS-EISCREME

10 Portionen

Einfacher kann selbst gemachtes Eis nicht sein! Für dieses Rezept brauchst du keine ausgefallenen Zutaten oder Utensilien. Greif dir einfach das Handrührgerät und eine Kastenform oder einen anderen Behälter zum Einfrieren, und schon geht's los. Dieses Eis schmeckt wunderbar sahnig!

15 Minuten + 6 Stunden Gefrierzeit

300 g Schokokekse mit Vanillecreme (z. B. Oreos)
1 Dose gezuckerte Kondensmilch (400 g)
450 g kalte Crème double

01 Die Kekse in einer Schüssel grob mit den Händen zerbröseln oder mit einem Messer auf dem Schneidebrett zerkleinern. Beiseitestellen.

02 Kondensmilch und Crème double in eine große Rührschüssel geben und mit dem Handrührgerät halbsteif aufschlagen. 250 g Keksstücke hinzufügen und mit einem Spatel oder Holzlöffel unterheben.

03 Die Masse in eine große Kastenform (23 x 13 cm) oder einen Gefrierbehälter füllen und mit einem Löffelrücken glätten. Mit den restlichen Keksstücken bestreuen.

04 Die Kastenform oder den Behälter doppelt mit Frischhaltefolie umwickeln, damit keine Feuchtigkeit eindringen kann. Mindestens 6 Stunden in das Tiefkühlfach stellen, am besten über Nacht.

05 Vor dem Servieren die Eiscreme aus dem Tiefkühlfach holen und 5–10 Minuten antauen lassen. Die Frischhaltefolie entfernen, einen Eisportionierer in heißes Wasser tauchen und die Eiscreme auf Schalen verteilen.

06 Die Eiscreme hält sich in einem luftdichten Behälter im Tiefkühlfach 2 Monate.

AUCH:

Wie wäre es mit anderen Kekssorten oder auch einem Schokoriegel statt der Schokokekse? Lecker!

3 ZUTATEN • ZUTATEN • ZUTATEN • ZUTATEN •

BROMBEER-SAHNEEIS

10 Portionen

Mit diesem fruchtig-süßen Sahneeis begeisterst du Partygäste, ohne die Eismaschine anwerfen zu müssen. Am besten bereitest du die Eiscreme am Vortag zu, damit sie über Nacht gefrieren kann.

15 Minuten
+ 6 Stunden Gefrierzeit

400 g Brombeeren (frisch oder tiefgefroren)
1 Dose gezuckerte Kondensmilch (400 g)
450 g kalte Crème double

01 Die Brombeeren in einer Schüssel mit einer Gabel zerdrücken. Beiseitestellen.

02 Kondensmilch und Crème double in eine große Rührschüssel geben und mit dem Handrührgerät halbsteif aufschlagen, bis die Masse sehr dickflüssig ist. Alternativ im Standmixer aufschlagen.

03 Die zerdrückten Brombeeren mit einem Holzlöffel oder Spatel kurz unterheben, dabei entsteht ein hübscher Marmoriereffekt. Durch weiteres Unterheben färbt sich die Eiscreme einheitlich brombeerfarben.

04 Die Masse in eine große Kastenform (20 x 10 cm) oder einen Gefrierbehälter füllen und mit einem Löffelrücken glatt streichen. Die Kastenform oder den Behälter doppelt mit Frischhaltefolie umwickeln, damit keine Feuchtigkeit eindringen kann. Mindestens 6 Stunden in das Tiefkühlfach stellen, am besten über Nacht.

05 Vor dem Servieren die Eiscreme aus dem Tiefkühlfach nehmen und 5–10 Minuten antauen lassen. Die Frischhaltefolie entfernen, einen Eisportionierer in heißes Wasser tauchen und die Eiscreme auf Schalen verteilen. Enjoy!

06 Die Eiscreme hält sich in einem luftdichten Behälter im Tiefkühlfach 2 Monate.

3 ZUTATEN • ZUTATEN • ZUTATEN • ZUTATEN •

MANGOSORBET

6–8 Portionen

Das ultimative Sommerdessert! So fruchtig-frisch, und dabei kinderleicht zubereitet. Mango-Fans wird dieses erfrischende Sorbet begeistern, denn das Fruchtaroma kommt durch etwas Limettensaft perfekt zur Geltung. Etwas Ahornsirup oder Honig sorgt für mehr Süße.

15 Minuten

600 g Mango, gewürfelt und tiefgefroren
70 ml Ahornsirup (4 ½ EL, oder Honig)
30 ml frisch gepresster Limetten- oder Zitronensaft (2 EL)

01 Die gefrorenen Mangostücke im Standmixer oder in der Küchenmaschine zerkleinern.

02 Die Masse von der Schüsselwand schaben. Ahornsirup und Limettensaft dazugeben und cremig aufschlagen.

03 Entweder sofort servieren oder in einem luftdichten Behälter 2–3 Stunden in das Tiefkühlfach stellen.

04 Das Sorbet vor dem Servieren aus dem Tiefkühlfach nehmen und 10 Minuten antauen lassen, damit es sich leichter portionieren lässt.

05 Das Sorbet hält sich in einem luftdichten Behälter im Tiefkühlfach 3 Wochen.

Schokokeks-
Milchshake

Salzkaramell-
Milchshake

3 ZUTATEN • ZUTATEN • ZUTATEN • ZUTATEN

SCHOKOKEKS-MILCHSHAKE

2 Portionen

Dieser herrlich cremige Milchshake schmeckt genauso lecker wie in deinem Lieblingscafé. Perfekt also für einen heißen Sommertag oder wenn du dich für einen Filmabend auf der Couch einkuschelst. Die Zubereitung ist ganz einfach, und du kannst den Shake nach Belieben aufpeppen.

5 Minuten

6 Schokokekse mit Vanillecreme (z. B. Oreos)
450 g Vanilleeis, angetaut
60 ml Vollmilch (4 EL)

01 Die Kekse in einem Standmixer grob zerkleinern.

02 Eis und Milch dazugeben und glatt rühren.

03 In 2 Gläser gießen und mit Strohhalm servieren.

Serviervorschlag

Mit Schlagsahne und einem Schokokeks sowie etwas Schokoladensauce garniert, macht dieser Shake auch optisch Eindruck.

AUCH:

Probiere einmal andere Kekse etwa mit Vanillecreme oder ungefüllte Schokokekse.

ABBILDUNG AUF DER VORHERIGEN SEITE

3 ZUTATEN

SALZKARAMELL-MILCHSHAKE

2 Portionen

Gerade bei Milchshakes gehört Salzkaramell zu meinen absoluten Favoriten unter den Zutaten. Es verleiht zugleich eine süße und salzige Note, die einfach unwiderstehlich ist! Diesen erfrischenden Shake kannst du ganz nach Belieben garnieren.

5 Minuten

450 g Vanille- oder Karamelleis, angetaut
60 ml Vollmilch (4 EL)
6 EL Salzkaramellsauce (siehe Seite 52) + etwas zum Beträufeln

01 Eis, Milch und Salzkaramellsauce in einem Standmixer glatt rühren.

02 Nach Belieben 2 hohe Gläser mit Salzkaramellsauce beträufeln und erst dann den Milchshake in die Gläser gießen.

03 Strohhalme hineinstecken und mit noch etwas Salzkaramellsauce beträufelt servieren.

Serviervorschlag

Der Milchshake lässt sich schnell aufpeppen: Schlagsahne und Karamellsplitter, gehackte Nüsse oder zerstoßene Kekse geben einen zusätzlichen Geschmackskick.

AUCH:

Magst du es schokoladig? Dann ersetze die Salzkaramell- durch Schokosauce.

ABBILDUNG AUF DER VORHERIGEN SEITE

ZUTATEN · ZUTATEN · ZUTATEN · ZUTATEN · 3

SCHOKOLADENMOUSSE

6 Portionen

Das ultimative Dessert für alle Schokofans! Mit nur 3 Grundzutaten zauberst du eine opulente Mousse au Chocolat, perfekt für Partys oder romantische Abendessen zu zweit. Zum Valentinstag kannst du die cremige Mousse noch mit Erdbeeren garnieren – einfach göttlich!

15 Minuten
+ 15 Minuten Abkühlzeit und 2 Stunden Kühlzeit

170 g Milch- oder Zartbitterschokochips
210 g kalte Crème double
30 g Puderzucker (4 EL)

01 Die Schokochips und 120 g Crème double in eine große mikrowellengeeignete Schüssel geben und in 20-Sekunden-Intervallen in der Mikrowelle erwärmen, zwischendurch jeweils gut umrühren. Etwa 15 Minuten abkühlen lassen, dabei gelegentlich rühren.

02 Restliche Crème double und Puderzucker in eine zweite Schüssel geben und mit dem Handrührgerät steif aufschlagen.

03 Die geschlagene Crème double mit einem Spatel vorsichtig unter die abgekühlte Schokomasse heben, dabei sollte möglichst wenig Luft entweichen.

04 Die Mousse in 6 kleine Schälchen oder Gläser füllen und mindestens 2 Stunden kalt stellen (je länger, desto fester wird sie).

05 Die Mousse hält sich in einem luftdichten Behälter im Kühlschrank 3 Tage.

Serviervorschlag

Garniere die Mousse mit leckerer Raspelschokolade, Erdbeeren oder Schlagsahne.

TIPP:

Zartbitterschokochips machen die Mousse vollmundig und fest, mit Vollmilchschokolade wird sie feincremig.

SPEKULATIUSMOUSSE

ZUTATEN · ZUTATEN · ZUTATEN · ZUTATEN · 3

4 Portionen

Diese süße Mousse zergeht auf der Zunge! Außerdem ist sie im Nu zubereitet und lässt sich nach Belieben garnieren: So bietet sie auch etwas fürs Auge.

10 Minuten + 20 Minuten Kühlzeit

350 g kalte Crème double, (siehe Tipp)
200 g Spekulatiuscreme (z. B. Biscoff)
2 EL fein zerstoßene Spekulatiuskekse (z. B. Biscoff) + 2 Kekse, halbiert (nach Belieben)

01 Die Crème double in eine große Rührschüssel geben und mit dem Handrührgerät steif aufschlagen, dann 150 g Spekulatiuscreme unterrühren. Die Mousse in 4 kleine Schälchen oder Gläser füllen und mit einem Löffelrücken glatt streichen. 20 Minuten kalt stellen.

02 Die restliche Spekulatiuscreme in eine mikrowellengeeignete Schüssel geben und auf höchster Stufe in 20-Sekunden-Intervallen in der Mikrowelle erwärmen, dabei zwischendurch umrühren. Etwas abkühlen lassen.

03 Jeweils ein Viertel der geschmolzenen Spekulatiuscreme über die Mousse träufeln und vorsichtig glatt streichen.

04 Mit den Kekskrümeln bestreuen und nach Belieben mit jeweils einem halben Spekulatiuskeks dekorieren.

05 Die Mousse hält sich in einem luftdichten Behälter im Kühlschrank 3 Tage. Die halbierten Kekse erst kurz vor dem Servieren in die Mousse stecken, da sie sonst matschig werden.

AUCH:

Ersetze Nuss-Nougat- durch Spekulatiuscreme und garniere mit Marshmallows oder Haselnusskernen.

TIPP:

Keine Crème double zur Hand? Einfach zu gleichen Teilen Mascarpone und süße Sahne nehmen.

3 ZUTATEN • ZUTATEN • ZUTATEN • ZUTATEN •

NO-BAKE VANILLEKEKSTORTE

10 Portionen

Diese Cremetorte ist perfekt für heiße Tage, wenn du auf den Backofen lieber verzichten möchtest. Sie ist gefüllt mit leckeren Keksen, die im Kühlschrank wunderbar weich und mürbe werden – das ergibt eine tolle No-Bake-Torte. Bereite sie am Vortag einer Grill- oder Gartenparty zu. Deine Gäste werden staunen, dass sie aus nur 3 Zutaten besteht! Das Rezept kannst du auch gut mit anderen Doppelkeksen variieren.

20 Minuten + 6 Stunden Kühlzeit

700 g kalte Crème double (siehe Tipp)
50 g Puderzucker (6 ½ EL)
57 Weizenkekse mit Vanillecreme (z. B. Golden Oreos) + 2 Kekse, zerstoßen zum Bestreuen

01 Den Boden einer runden Springform (ø 23 cm) mit Backpapier auslegen (siehe Seite 16).

02 Crème double und Puderzucker in eine große Rührschüssel geben und mit dem Handrührgerät steif aufschlagen.

03 Eine dünne Schicht Crème-double-Masse auf dem Boden der Springform verteilen (dann halten die Kekse besser) und mit einem Drittel der Kekse (etwa 19 Stück) belegen, dabei darauf achten, dass sie dicht nebeneinanderliegen. Dann vorsichtig ein Drittel der Crème-double-Masse in einer etwa 1 cm dicken Schicht darauf verteilen. Mit den restlichen Zutaten 2 weitere Lagen Kekse und Crème-double-Masse darüberschichten und mit einer Crèmeschicht abschließen.

04 Mit den zerstoßenen Keksen bestreuen und mindestens 6 Stunden kalt stellen, am besten über Nacht (durch die lange Kühlzeit werden die Kekse weich, und die Torte lässt sich leichter in Stücke schneiden).

05 Vorsichtig aus der Springform lösen und die Torte auf eine Kuchenplatte setzen. Mit einem scharfen Messer in 10 Stücke teilen und servieren. Enjoy!

06 Die Torte hält sich in einem luftdichten Behälter im Kühlschrank 3 Tage.

TIPP:

Keine Crème double zur Hand? Einfach zu gleichen Teilen Mascarpone und süße Sahne nehmen.

CRÈME BRÛLÉE

3 ZUTATEN

2 Portionen

Noch nie war es so einfach, Crème brûlée selbst zu machen – mit diesem Rezept schmeckt sie so wie in einem edlen Restaurant! Sie hat genau die feine Zuckerkruste, die eine echte Crème brûlée auszeichnet. Perfekt also für Dinnerpartys und besondere Anlässe, gerne aber auch für unter der Woche!

1 Stunde
+ 10 Minuten Abkühlzeit,
3 Stunden Kühlzeit,
35 Minuten Ruhezeit

150 g Vanilleeis
2 Eigelb
3 EL Kristallzucker

01 Den Backofen auf 180 °C (Ober-/Unterhitze), 160 °C (Umluft) oder Gas Stufe 2–3 vorheizen.

02 Das Eis in eine mikrowellengeeignete Schüssel geben und auf höchster Stufe etwa 40–50 Sekunden in der Mikrowelle schmelzen, dann etwa 10 Minuten abkühlen lassen. Die Eigelbe mit einem Schneebesen unter die abgekühlte Eiscreme rühren. In 2 Schälchen füllen.

03 Die Schälchen in eine Backform stellen und diese bis etwa zur Hälfte der Schälchen mit heißem Wasser befüllen. Vorsichtig in den Backofen schieben und etwa 45 Minuten backen, bis die Masse fest, aber in der Mitte noch weich ist.

04 Die Schälchen vorsichtig aus dem Wasserbad nehmen und abkühlen lassen, dann mindestens 3 Stunden kalt stellen (im Kühlschrank hält sich die Crème 3 Tage).

05 Vor dem Servieren aus dem Kühlschrank nehmen und 30 Minuten ruhen lassen, damit sie Zimmertemperatur annimmt.

06 Den Zucker darüberstreuen und mit einem Flambierbrenner erhitzen, bis er geschmolzen ist. Wer keinen Flambierbrenner besitzt, kann die Crème brûlée auch unter einem vorgeheizten Grill erhitzen, bis der Zucker schmilzt, dabei aber darauf achten, dass die Crème nicht anbrennt. 5 Minuten ruhen lassen, bis die Zuckerkruste erstarrt ist. Enjoy!

4 ZUTATEN · ZUTATEN · ZUTATEN · ZUTATEN

SPEKULATIUS-EIS

10 Portionen

Süß und sahnig – dieses Eis ist der Traum eines jeden Spekulatiusfans. Es lockt mit üppigen Schichten von Knusperkeks und Spekulatiuscreme. Aber auch die einfache Zubereitung macht es zu einem meiner Favoriten. Variiere das Rezept einmal mit Erdnussbutter und Mini-Schoko-Erdnuss-Riegeln – einfach himmlisch!

20 Minuten
+ 6 Stunden Gefrierzeit

350 g Spekulatiuscreme (z. B. Biscoff)
1 Dose gezuckerte Kondensmilch (400 g)
450 g kalte Crème double (siehe Tipp)
100 g Spekulatiuskekse (z. B. Biscoff), in kleine Stücke zerbrochen

01 In einer mikrowellengeeigneten Schüssel 100 g Spekulatiuscreme in 20-Sekunden-Intervallen in der Mikrowelle erwärmen, bis eine flüssige, glatte Masse entsteht. Dazwischen jeweils umrühren. Dann abkühlen lassen.

02 Kondensmilch, Crème double und restliche Spekulatiuscreme in eine große Rührschüssel geben und mit dem Handrührgerät halbsteif aufschlagen. Die Keksstücke (eine Handvoll beiseitelegen) mit einem Holzlöffel oder Spatel unterheben.

03 Ein Drittel der Crème-double-Masse in eine Kastenform (23 x 13 cm) oder einen Gefrierbehälter füllen und mit einem Löffelrücken glatt streichen. Ein Drittel der geschmolzenen Spekulatiuscreme darüberträufeln und mit einem Messer oder Spieß ein Wirbelmuster durch die Eiscreme ziehen. Mit den restlichen Zutaten 2 weitere Lagen darüberschichten und mit einer Schicht Spekulatiuscreme abschließen.

04 Mit den restlichen Keksstücken bestreuen und die Kastenform oder den Behälter doppelt mit Frischhaltefolie umwickeln, damit keine Feuchtigkeit eindringen kann. Mindestens 6 Stunden ins Tiefkühlfach stellen, am besten über Nacht.

05 Vor dem Servieren aus dem Tiefkühlfach nehmen und 5–10 Minuten antauen lassen. Die Frischhaltefolie entfernen, einen Eisportionierer in heißes Wasser tauchen und die Eiscreme in Schalen füllen.

06 Die Eiscreme hält sich in einem luftdichten Behälter im Tiefkühlfach 2 Monate.

TIPP:

Keine Crème double zur Hand? Einfach zu gleichen Teilen Mascarpone und süße Sahne nehmen.

4 ZUTATEN

ERDBEERTORTE AUS DEM KÜHLSCHRANK

12 Portionen

Ideal für Sommertage und bei Grillfesten im Garten! Auch wenn man glaubt, keinen Bissen mehr herunterzubekommen, kann dieser cremigen, fruchtigen Erdbeertorte doch keiner widerstehen. Die Zubereitung am Vortag dauert nur 15 Minuten, dann wandert die Torte in den Kühlschrank.

15 Minuten
+ 5 Stunden Kühlzeit

375 g kalte Crème double (siehe Tipp)
50 g Puderzucker (6 ½ EL)
170 g Vollkornkekse (oder Graham Crackers)
500 g Erdbeeren, geputzt und in 6 mm dicke Scheiben geschnitten

01 Crème double und Puderzucker in eine große Rührschüssel geben und mit dem Handrührgerät halbsteif aufschlagen.

02 Ein Drittel der Crème-double-Masse auf dem Boden einer hohen Glasschüssel (ø 28, 18 cm hoch) verteilen und glatt streichen. Mit einem Drittel der Kekse belegen und die Zwischenräume mit zerbrochenen Keksen auffüllen, darauf ein Drittel der Erdbeerscheiben verteilen. Mit den restlichen Zutaten 2 weitere Lagen darüberschichten und mit einer Schicht Erdbeeren abschließen.

03 Mindestens 5 Stunden kalt stellen, dann servieren und genießen!

04 Die Torte hält sich im Kühlschrank 3 Tage.

AUCH:

Die Torte schmeckt ebenfalls lecker mit frischen Himbeeren oder Blaubeeren.

TIPP:

Keine Crème double zur Hand? Einfach zu gleichen Teilen Mascarpone und süße Sahne nehmen.

4 Zutaten

SPEKULATIUSLASAGNE

8 Portionen

Mit diesem Dessert werden viele Gäste satt, und du brauchst nicht einmal den Backofen einzuschalten. Ihren Namen trägt die Lasagne nach den opulenten Schichten von Spekulatiussahne, -keksen und -creme, die hier aufeinanderfolgen. Dieses Rezept ist daher fast wie ein süßer englischer Trifle.

20 Minuten
+ 7 Stunden Kühlzeit

200 g Spekulatiuscreme (z. B. Biscoff)
375 g kalte Crème double (siehe Tipp)
50 g Puderzucker (6½ EL)
25 Spekulatiuskekse (z. B. Biscoff, je nach Auflaufform etwas mehr oder weniger)

ZUM GARNIEREN

50 g Spekulatiuscreme (3½ EL)
3 Spekulatiuskekse, 2 fein zerstoßen + 1 ganz belassen

01 In einer mikrowellengeeigneten Schüssel 150 g Spekulatiuscreme in 20-Sekunden-Intervallen in der Mikrowelle erwärmen, bis eine flüssigen glatte Masse entsteht. Zwischendurch jeweils umrühren. Dann abkühlen lassen.

02 Crème double, Puderzucker und restliche Spekulatiuscreme in eine große Rührschüssel geben und mit dem Handrührgerät steif aufschlagen. Eine dünne Schicht Crème-double-Masse auf dem Boden einer großen Auflaufform (28 x 18 cm) verteilen (dann halten die Kekse besser). Mit einer Schicht Kekse belegen, dabei darauf achten, dass sie dicht nebeneinander liegen. Die Hälfte der geschmolzenen Spekulatiuscreme darüberträufeln. Vorsichtig die Hälfte der Crème-double-Masse darauf verteilen. Den Rest der Kekse und der geschmolzenen Spekulatiuscreme darüberschichten, mit einer weiteren Crème-double-Schicht abschließen und diese glatt streichen.

03 Zum Garnieren die Spekulatiuscreme wie oben beschrieben schmelzen und abkühlen lassen, dann auf die Lasagne träufeln oder mit dem Spritzbeutel aufbringen. Mit einem Messer oder Spieß ein Wirbelmuster in die Crème-double-Schicht ziehen. Den Rand mit den Kekskrümeln bestreuen und einen einzelnen Keks in die Mitte setzen.

04 Mindestens 7 Stunden oder über Nacht kalt stellen (durch die lange Kühlzeit werden die Kekse weich, und die Aromen verbinden sich besser).

05 Vor dem Servieren mit einem Messer in 8 Stücke schneiden und mit einer Kuchenpalette auf Teller oder Schälchen verteilen. Enjoy!

06 Die Lasagne hält sich mit Frischhaltefolie abgedeckt oder in einem luftdichten Behälter im Kühlschrank 3 Tage.

AUCH:

Ersetze die Spekulatiuskekse und -creme durch 30 Schokokekse und Nuss-Nougat-Creme.

5 ZUTATEN • ZUTATEN • ZUTATEN • ZUTATEN •

NO-BAKE SCHOKOKEKS-CHEESECAKE

10 Portionen

Butterweicher Keksboden und sahnig süßer Belag, gespickt mit Keksstückchen – dieser Cheesecake ist jede Sünde wert! Probiere das Rezept auch einmal mit anderen Kekssorten: etwa Schokokeksen mit Schokocreme.

20 Minuten
+ 6 Stunden Kühlzeit

FÜR DEN BODEN

36 Schokokekse mit Vanillecreme (z. B. Oreos)
90 g Butter (6 EL), zerlassen

FÜR DEN BELAG

425 g kalte Crème double (siehe Tipp)
500 g Doppelrahm-frischkäse
120 g Puderzucker
14 Schokokekse mit Vanillecreme, in Stücke zerbrochen + 5 Kekse, halbiert

TIPP:

Keine Crème double zur Hand? Einfach zu gleichen Teilen Mascarpone und süße Sahne nehmen.

01 Den Boden einer runden Springform (Ø 20 cm) mit Backpapier auslegen (siehe Seite 16).

02 Für den Boden in einer Küchenmaschine die Kekse fein zerkleinern. Alternativ in einen Plastikbeutel geben und mit dem Nudelholz zerdrücken. Die Kekskrümel in eine mittelgroße Schüssel geben, die zerlassene Butter dazugießen und mit einem Rührlöffel einarbeiten.

03 Ein Drittel der Krümelmasse in eine weitere Schüssel umfüllen und für das Topping beiseitestellen. Die restliche Krümelmasse in die Springform geben, fest am Boden andrücken und kalt stellen.

04 Für den Belag die Crème double in einer großen Rührschüssel mit dem Handrührgerät steif aufschlagen. Frischkäse und Puderzucker in eine zweite Schüssel geben und mit dem Handrührgerät cremig und glatt rühren. Mit einem Spatel unter die Crème-double-Masse heben. Die Keksstücke hinzufügen und unterheben.

05 Den Keksboden aus dem Kühlschrank nehmen, den Belag darauf verteilen und glatt streichen. Die restliche Krümelmasse gleichmäßig darauf verteilen und leicht andrücken. Den Rand mit den halbierten Keksen garnieren. Mindestens 6 Stunden oder am besten über Nacht kalt stellen.

06 Vor dem Servieren aus der Springform lösen und auf eine Servierplatte setzen. In 10 Stücke teilen. Enjoy!

07 Der Kuchen hält sich im Kühlschrank 4 Tage.

ZUTATEN • ZUTATEN • ZUTATEN • ZUTATEN • 5

EINFACHE MINI-CHEESECAKES

12 Stück

Diese kleinen Cheesecakes sind im Nu zubereitet und sehr wandelbar. Man kann sie gut aufpeppen, sie schmecken aber auch pur – cremig weich mit einem buttrigen Keksboden. Sie eignen sich ebenso als Tagessnack wie auch als Dessert am Abend.

15 Minuten + 3 Stunden Kühlzeit (oder 20 Minuten Gefrierzeit)

FÜR DIE BODEN

200 g Vollkornkekse (oder Graham Crackers)
60 g Butter (4 EL), zerlassen

FÜR DEN BELAG

320 g zimmerwarmer Doppelrahmfrischkäse
150 g kalte Crème double (siehe Tipp)
100 g Puderzucker

01 Ein Muffinblech mit 12 Mulden mit Muffinförmchen auslegen.

02 Für den Boden die Kekse in einer Küchenmaschine fein zerkleinern. Alternativ in einen Plastikbeutel geben und mit dem Nudelholz zerdrücken. In eine mittelgroße Schüssel geben, die zerlassene Butter dazugießen und mit einem Holzlöffel einarbeiten. Gleichmäßig auf die Muffinförmchen verteilen und fest andrücken. Dann kalt stellen.

03 Für den Belag Frischkäse, Crème double und Puderzucker in eine Rührschüssel geben und mit dem Handrührgerät steif aufschlagen.

04 Das Muffinblech aus dem Kühlschrank nehmen, den Belag auf die Förmchen verteilen und mit einem Löffelrücken glattstreichen. Mindestens 3 Stunden kalt stellen, bis die Cakes fest sind. Muss es schnell gehen? Dann die Mini-Cheesecakes 20 Minuten in das Tiefkühlfach stellen.

05 Die Cheesecakes halten sich in einem luftdichten Behälter im Kühlschrank 3 Tage.

TIPP:

Keine Crème double zur Hand? Einfach zu gleichen Teilen Mascarpone und süße Sahne nehmen.

Serviervorschläge

Als Garnitur für die Mini-Cheesecakes eignen sich frische Erdbeeren oder andere Beeren. Oder belege sie mit einem Stück Schokoriegel oder beträufle sie mit geschmolzener Nuss-Nougat-Creme.

5 ZUTATEN

NO-BAKE NUSS-NOUGAT-CHEESECAKE-SCHNITTEN

16 Stück

Diese Cheesecake-Schnitten sind mehr als opulent – und dazu sooo schokoladig mit cremigem Nuss-Nougat auf buttrig weichem Keksboden. Die Zubereitung benötigt gerade einmal 15 Minuten, den Rest übernimmt dann der Kühlschrank.

15 Minuten + 6 Stunden Kühlzeit

FÜR DEN BODEN

280 g Schokokekse mit Vanillecreme (z. B. Oreos) + 8 Kekse, halbiert

100 g Butter (7 EL), zerlassen

FÜR DEN BELAG

500 g Doppelrahm-frischkäse

400 g Nuss-Nougat-Creme (z. B. Nutella)

70 g Puderzucker

AUCH:

Ebenfalls lecker sind Vollkornkekse (oder Graham Crackers) statt der Schokokekse.

01 Eine quadratische Backform (20 x 20 cm) mit Backpapier auslegen (siehe Seite 16).

02 Für den Kuchenboden die Kekse in einer Küchenmaschine fein zerkleinern. Alternativ in einen Plastikbeutel geben und mit dem Nudelholz zerdrücken. In eine mittelgroße Schüssel geben, die zerlassene Butter dazugießen und mit einem Holzlöffel einarbeiten.

03 Die Masse in die Backform geben und fest am Boden andrücken. Dann kalt stellen.

04 Für den Belag Frischkäse, Nuss-Nougat-Creme und Puderzucker in eine große Rührschüssel geben und mit dem Handrührgerät glatt und cremig aufschlagen.

05 Den Keksboden aus dem Kühlschrank nehmen, den Belag darauf verteilen und glatt streichen. Mit den halbierten Keksen garnieren und mindestens 6 Stunden oder am besten über Nacht kalt stellen. Vor dem Servieren in 16 quadratische Stücke teilen.

06 Die Schnitten halten sich im Kühlschrank 3 Tage.

SÜSSES FRÜHSTÜCK

Kapitel sieben

Für mich die beste Mahlzeit des Tages …

Das Frühstück – die beste Mahlzeit des Tages, wenn ihr mich fragt. Und ich mag mein Frühstück süß. Wer hätte das gedacht?

Neben Basics wie leckeren Pancakes und Crêpes aus 3 Zutaten oder **French Toast** findest du hier auch einfache Rezepte für fruchtig-süßes Gebäck, etwa feine **Apfeltaschen** und **Bananen-Hafer-Frühstückskekse**.

Suchst du ein leckeres Frühstück to go? Oder für einen schnell gezauberten Wochenendbrunch mit der ganzen Familie – am besten mit einer Auswahl von Toppings? In diesem Kapitel ist für jeden etwas dabei.

Ob mit leckerem Obst oder Ahornsirup, köstlichen Schokostückchen oder lieber süß und ganz einfach – diese Rezepte sind so vielseitig, dass du jeden Tag eine andere Variante ausprobieren kannst.

Traumhaftes Frühstück

4 ZUTATEN

BANANEN-PANCAKES

1 Portion

Bist du auf der Suche nach einem einfachen, schnellen und leckeren Start in den Tag? Diese Pancakes sind die perfekte Wahl. Sie sind unglaublich vielseitig und schmecken mit praktisch jedem Topping: von Erdnussbutter und Bananenscheiben bis hin zu Ahornsirup und frischen Beeren. Beliebt bei Kindern wie auch bei Erwachsenen!

20 Minuten

1 sehr reife große Banane
1 Ei
20 g Mehl
¼ TL Backpulver

01 Die Banane in eine mittelgroße Schüssel geben und mit der Gabel zu einem feinen Brei zerdrücken. Das Ei mit einem Schneebesen unterrühren. Dann die Mehlmischung mit einem Holzlöffel oder Spatel kurz unterheben. Nicht zu viel rühren, sonst werden die Pancakes zäh.

02 Eine antihaftbeschichtete Pfanne bei mittlerer Hitze erhitzen und mit Backtrennspray einsprühen (oder etwas Kokosöl oder Butter schmelzen lassen).

03 Ein Viertel des Teigs in die Pfannenmitte geben und etwa 2 Minuten backen, bis sich an der Oberfläche Blasen bilden. Mit einem Pfannenwender umdrehen und weitere 2 Minuten goldbraun backen. Den restlichen Teig ebenso verarbeiten.

04 Nach Belieben garnieren. Enjoy!

TIPP:

Lust auf einen Geschmackskick? Gib eine Prise Zimtpulver oder Vanilleextrakt in den Teig.

3 ZUTATEN · ZUTATEN · ZUTATEN · ZUTATEN

SCHNELLE PANCAKES AUS 3 ZUTATEN

10 Stück

Diese 3-Zutaten-Pancakes sind für mich der Hit: preisgünstig und einfach in der Zubereitung und nach Wunsch verfeiner- und garnierbar. Perfekt also für ein faules Frühstück am Wochenende – deine Familie wird begeistert sein.

10-40 Minuten (je nach Anzahl der Backvorgänge)

2 Eier
250 ml Vollmilch
300 g Mehl-Backpulver-Mischung (siehe Seite 17)

01 Die Eier und die Milch in einer mittelgroßen Schüssel mit dem Schneebesen glatt rühren. Die Mehlmischung hinzufügen und zu einem glatten Teig verrühren.

02 Eine große antihaftbeschichtete Pfanne bei mittlerer Hitze erhitzen und mit Backtrennspray einsprühen (oder etwas Butter hineingeben).

03 Die Pancakes entweder einzeln oder mehrere gleichzeitig in einer Grill- oder größeren Bratpfanne zubereiten. Etwa 60 ml Teig in die Pfanne gießen und 1–2 Minuten backen, bis sich auf der Oberfläche Blasen bilden. Mit einem Pfannenwender umdrehen und weitere 1–2 Minuten goldbraun backen. Den restlichen Teig ebenso verarbeiten.

04 Die Pancakes mit einem Topping nach Wahl servieren (siehe unten).

Serviervorschlag

Leckere Toppings sind beispielsweise: Butter und Ahornsirup, Zitrone und Zucker, Beeren und Joghurt, frisches Obst und Schlagsahne, Nuss-Nougat- oder Spekulatiuscreme.

TIPP:

Ergänze am Ende von Schritt 1 noch Schokochips oder Blaubeeren – das gibt zusätzlich Geschmack.

ZUTATEN · ZUTATEN · ZUTATEN · ZUTATEN · 3

ERDNUSSBUTTER-FRÜHSTÜCKSRIEGEL

16 Stück

Die perfekten Riegel zum Frühstück oder für zwischendurch – nimm sie mit zur Arbeit, pack sie in deine Lunchbox, gönn sie dir vor oder nach dem Work-out. Sie sind nussig süß und unglaublich lecker. Und das Beste an ihnen: Du musst nicht einmal backen – einfach in den Kühlschrank stellen und zugreifen, wann immer du einen Energiekick brauchst!

10 Minuten
+ 30 Minuten Kühlzeit

240 g Haferflocken
240 g cremige Erdnussbutter
120 ml Honig (oder Ahornsirup)

01 Eine quadratische Backform (20 x 20 cm) mit Backpapier auslegen (siehe Seite 16).

02 Die Haferflocken in eine große Rührschüssel geben.

03 Erdnussbutter und Honig in einen mittelgroßen Topf geben und bei schwacher bis mittlerer Hitze mit einem Holzlöffel unter ständigem Rühren erwärmen. Über die Haferflocken gießen und rühren, bis eine einheitliche Masse entsteht.

04 Mit den Händen oder einem Löffelrücken fest in die Backform drücken (so fest wie möglich, damit die Riegel schön kompakt werden).

05 Die Form 30 Minuten in den Gefrierschrank oder 2–3 Stunden kalt stellen, bis die Masse fest ist. In 16 Riegel teilen.

06 Die Riegel halten sich in einem luftdichten Behälter im Kühlschrank 1 Woche.

AUCH:

Wie wäre es mit einer anderen Nussbutter oder einem nussfreien Mus aus Sonnenblumenkernen?

3 ZUTATEN • ZUTATEN • ZUTATEN • ZUTATEN •

ERDNUSSBUTTER-BANANEN-SMOOTHIE

4 Portionen

Du hast es eilig oder brauchst einen Muntermacher? Smoothies sind dafür perfekt. Banane und Erdnussbutter als Kombi sind sättigend und super lecker. Alles, was du brauchst, sind ein Mixer und tiefgefrorene Bananenstücke – in nicht einmal 5 Minuten steht der Smoothie auf dem Tisch!

4 Minuten
+ 2 Stunden
Gefrierzeit

2 Bananen
30 g crunchy oder cremige Erdnussbutter (2 EL)
500 ml Vollmilch
tiefgefrorene Beeren (nach Belieben)

01 Die Bananen in 1 cm große Stücke schneiden, in die gewünschten Portionsgrößen aufteilen und etwa 2 Stunden in das Tiefkühlfach stellen.

02 Alle Zutaten in einem Standmixer glatt und cremig pürieren. Nach Belieben eine Handvoll Beeren dazugeben. Sie machen den Smoothie noch fruchtiger.

03 Auf 4 Gläser verteilen und servieren – einfacher geht's nicht!

TIPP:

Lust auf Schoko? Gib noch 1 Esslöffel Kakao- oder Trinkschokoladenpulver in den Mixer.

3 ZUTATEN

APFELTASCHEN

3 Stück

Frisches warmes Gebäck am Morgen – so startest du gut in den Tag. Unter ihrer zuckrigen Kruste sind die Blätterteigtaschen gefüllt mit weichen Apfelscheiben. Dafür eignen sich fast alle Äpfel: Granny Smith schmeckt säuerlich, während die Sorte Pink Lady süßer ist. Genieße die Apfeltaschen als Frühstück zu Hause oder to go oder warm mit Schlagsahne als leckeres Dessert.

30 Minuten + 5 Minuten Abkühlzeit

- 1 großer Apfel (320 g), geschält, entkernt und in 16 Scheiben geschnitten
- 2 ½ EL feinster Zucker + etwas zum Bestreuen
- 375 g backfertiger Blätterteig (oder 245 g tiefgefrorener Blätterteig, aufgetaut)
- 1 Ei, verquirlt (nach Belieben)

01 Den Backofen auf 200 °C (Ober-/Unterhitze), 180 °C (Umluft) oder Gas Stufe 3–4 vorheizen.

02 Die Apfelscheiben mit 1 Teelöffel Wasser in einen Topf geben und zugedeckt bei mittlerer Hitze 5 Minuten garen, bis sie weich sind. Vom Herd nehmen, den Zucker einrühren und abkühlen lassen.

03 Den Blätterteig auf einer Arbeitsfläche zu einem Rechteck ausrollen, die Längsseite weist dabei nach unten. Den Teig der Länge nach halbieren und anschließend der Breite nach dritteln, sodass 6 gleich große Vierecke entstehen.

04 3 Teigvierecke an den Rändern mit Wasser bestreichen und jeweils ein Drittel der abgekühlten Apfelstückchen in die Mitte geben. Die restlichen Vierecke daraufsetzen und die Teigtaschen mit einer Gabel an den Rändern verschließen. Die Oberseite jeweils dreimal einschneiden und mit Zucker bestreuen. Nach Belieben zuerst mit dem verquirlten Ei bestreichen und dann mit etwas Zucker bestreuen (die Taschen glänzen so nach dem Backen goldbraun).

05 Auf ein antihaftbeschichtetes oder mit Backpapier ausgelegtes Backblech setzen und 15–20 Minuten backen, bis die Oberseite goldbraun ist. Vor dem Verzehr 5 Minuten abkühlen lassen, da die Apfelfüllung sehr heiß ist.

06 Die Taschen halten sich in einem luftdichten Behälter bei Zimmertemperatur 3 Tage.

TIPP:

Mit ½ Teelöffel Zimtpulver schmeckt die Apfelfüllung noch unwiderstehlicher.

3 ZUTATEN

BANANEN-HAFER-FRÜHSTÜCKSKEKSE

12 Stück

Diese Kekse sind kinderleicht zubereitet – perfekt für ein schnelles Frühstück oder als Snack für zwischendurch. Mit viel Banane, Haferflocken und Schokochips sind sie ein Bananenmüsli in Keksform! Sättigend, wunderbar mürbe und schokoladig.

10 Minuten
+ 20 Minuten Kühlzeit

100 g Haferflocken
150 g große, sehr reife Bananen (ohne Schale), mit einer Gabel zerdrückt
80 g Vollmilch- oder Zartbitterschokochips (6 EL)

01 Den Backofen auf 180 °C (Ober-/Unterhitze), 160 °C (Umluft) oder Gas Stufe 2–3 vorheizen.

02 In der Küchenmaschine 50 g Haferflocken etwa fünfmal intervallmixen, bis sie fast mehlartig sind. Alternativ in einer Schüssel zwischen den Fingerspitzen zerbröseln.

03 Die zerkleinerten Haferflocken mit den restlichen Haferflocken in eine mittelgroße Schüssel geben und den Bananenbrei mit einem Rührlöffel einarbeiten, bis die Konsistenz eines dicken Keksteigs erreicht ist. Die Schokochips unterheben.

04 Etwa 2 Esslöffel Teig abnehmen und in Keksform drücken. Auf ein mit Backpapier ausgelegtes Backblech setzen. Den restlichen Teig ebenso verarbeiten.

05 Im Ofen 12–14 Minuten backen, bis die Kekse hellbraun sind. 15 Minuten auf dem Blech abkühlen lassen, dann auf ein Kuchengitter setzen und vollständig auskühlen lassen.

06 Die Kekse halten sich in einem luftdichten Behälter 3 Tage oder im Tiefkühlfach 3 Monate.

TIPP:

Gib 1 Teelöffel Zimtpulver in den Teig: Das intensiviert den Geschmack der Kekse.

AUCH:

Verwende Trockenfrüchte, gehackte Nüsse oder weiße statt dunklen Schokochips.

SCHNELLE CRÊPES

ZUTATEN · ZUTATEN · ZUTATEN · ZUTATEN · 3

10 Stück

Ob gefaltet, gerollt oder mit Nuss-Nougat-Creme und Erdbeeren gefüllt – Crêpes sind köstlich zum Frühstück oder auch als Dessert. Da dieses Rezept ohne Zucker auskommt, eignet es sich gleichermaßen für süße und herzhafte Toppings. Serviere die Crêpes sofort oder hebe sie für später auf. Mit nur 3 Zutaten begeisterst du viele Schleckermäuler und das zu jeder Tageszeit.

30-40 Minuten

500 ml Vollmilch
2 Eier
250 g Weizenmehl Type 405

01 Milch und Eier in einer großen Rührschüssel mit dem Schneebesen glatt rühren. Dann das Mehl unterarbeiten.

02 Eine antihaftbeschichtete Pfanne bei mittlerer Hitze erhitzen und mit Backtrennspray einsprühen (oder aber etwas Butter hineingeben).

03 In die Pfanne 80 ml Teig gießen und schwenken, sodass der Pfannenboden gleichmäßig von einer dünnen Schicht bedeckt ist. 1–2 Minuten backen, bis der Rand knusprig ist und sich wölbt. Einen Pfannenwender unter die Crêpe schieben, anheben und schnell umdrehen. Dann weitere 1–2 Minuten hellbraun backen. Den restlichen Teig ebenso verarbeiten.

04 Die einzelnen Crêpes sofort mit einem Topping nach Wahl servieren (siehe unten).

05 Die Crêpes werden am besten frisch serviert, halten sich im Kühlschrank aber auch 5 Tage. In einer antihaftbeschichteten Pfanne oder der Mikrowelle wieder erwärmen.

Serviervorschlag

Zu meinen Favoriten gehören: Zitrone und Zucker, Nuss-Nougat-Creme, Zimt und Zucker, Ahornsirup, Honig, Bananen und Erdbeeren.

ZUTATEN · ZUTATEN · ZUTATEN · ZUTATEN · 4

SCHNELLER FRENCH TOAST

4 Portionen

Ich liebe French Toast zum Frühstück! Er ist im Nu zubereitet und lässt sich nach Wunsch garnieren. Mein persönlicher Favorit sind Erdnussbutter und ein warmer Beerenmix mit Honig. Für dieses Rezept eignet sich jede Art von Weißbrot – ich liebe Challah, aber Brioche oder dicke Weißbrotscheiben tun es auch. Du kannst dafür auch Brot vom Vortag verwenden, du brauchst das Brot also nicht frisch zu kaufen. Den French Toast kannst du für die ganze Familie oder auch nur für dich selbst zubereiten (reduziere dafür einfach die Zutatenmenge).

30 Minuten

3 Eier
230 ml Vollmilch
8 dicke Scheiben Weißbrot
1 EL Butter + bei Bedarf mehr

01 Eier und Milch in einer großen, flachen Schüssel mit dem Schneebesen oder einer Gabel glatt rühren.

02 Mehrere Brotscheiben nebeneinander in die Eimischung legen und jeweils 2 Minuten auf beiden Seiten einweichen lassen, zwischendurch wenden.

03 Die Butter in einer großen Pfanne bei mittlerer Hitze zerlassen. Die eingeweichten Brotscheiben mit einem Pfannenwender aus der Eimischung heben und überschüssige Flüssigkeit abtropfen lassen. Dann die Scheiben 2 Minuten in der Pfanne goldbraun braten, wenden und 2 weitere Minuten braten. Die restlichen Brotscheiben ebenso verarbeiten und bei Bedarf noch etwas Butter in die Pfanne geben.

04 Sofort mit einem Topping nach Wahl servieren (siehe unten).

Serviervorschlag

Dazu passen Butter und Ahornsirup, Puderzucker, Banane und Honig, Erdnussbutter und Marmelade oder frische Beeren, Nuss-Nougat- oder Spekulatiuscreme, Zimt und Zucker oder auch Schlagsahne und frisches Obst.

TIPP:

Jeweils 1 Teelöffel Vanilleextrakt und Zimtpulver in die Eimasse geben. 1 Esslöffel Zucker macht sie süßer.

MEINE ALL-STARS

Kapitel acht

Alle meine Favoriten

Ich konnte dieses Kapitel einfach nicht weglassen, obwohl alle Rezepte darin mehr als 5 Zutaten benötigen – sie sind es aber unbedingt wert, einmal ausprobiert zu werden.

Ich habe dafür meine absoluten Lieblinge ausgewählt: etwa **Red-Velvet-Brownies** mit einer Creme aus Frischkäse, einen **weißen No-Bake Schoko-Cheesecake, Cookieteig-Riegel** mit Schokochips, einen **heißen Schokoladenauflauf, Bananenbrot mit Zimtwirbeln** und **Karamell-Blondies mit Schokochips**.

Keine Sorge, die Zubereitung bleibt einfach – du brauchst nur ein wenig mehr Zeit und Aufwand, aber das klappt schon! Egal, ob du auf Schoko, Zimt oder Zitrone stehst, hier findest du bestimmt ein Rezept, das dich begeistern wird.

Unbedingt probieren!

REGENBOGEN-CUPCAKES

12 Stück

Bunt und farbenfroh – diese ultimativen Party-Cupcakes stehlen allen die Show. Das erste Mal habe ich sie zur Feier des „Pride Month" gebacken und war ganz begeistert, wie einfach ihre Zubereitung ist! Saftiger Vanillebiskuit, garniert mit üppiger Vanillebuttercreme, ist ein echter Klassiker. Köstlich bei jedem Anlass und ein absoluter Hingucker!

50 Minuten
+ 30 Minuten Abkühlzeit

225 g zimmerwarme Butter (oder Margarine)
225 g feinster Zucker
4 Eier, leicht verquirlt
225 g Mehl-Backpulver-Mischung (siehe Seite 17)
1 TL Backpulver
1 TL Vanilleextrakt
2 EL Vollmilch
violette, blaue, grüne, gelbe, orange und rote Lebensmittelfarbe (z. B. Sugarflair oder Wilton)

FÜR DIE BUTTERCREME

120 g zimmerwarme Butter (8 ½ EL)
1 TL Vanilleextrakt
240 g Puderzucker
1 EL Vollmilch

4 EL bunte Zuckerstreusel zum Garnieren

01 Den Backofen auf 180 °C (Ober-/Unterhitze), 160 °C (Umluft) oder Gas Stufe 2–3 vorheizen. Ein Muffinblech mit 12 Mulden mit Muffinförmchen auslegen.

02 Alle Zutaten für den Cupcaketeig in eine große Rührschüssel geben und mit dem Handrührgerät 2–3 Minuten glatt rühren. Den Teig gleichmäßig auf 6 Schälchen verteilen. Die Lebensmittelfarben jeweils in ein Schälchen geben und umrühren, bis die gewünschte Farbintensität erreicht ist.

03 Den gefärbten Teig in separate Einweg-Spritzbeutel füllen und die Beutelspitze abschneiden. Nacheinander den Teig schichtenweise in die Muffinförmchen spritzen, dabei mit Violett beginnend in der Reihenfolge arbeiten, in der die Farben in der Zutatenliste genannt sind (alternativ einen Löffel verwenden und den Teig mit dem Löffelrücken glätten, bevor die nächste Schicht aufgetragen wird).

04 Im Ofen 20–23 Minuten backen, bis an einem in die Cupcakes gesteckten Holzstäbchen kein Teig mehr anhaftet. Vollständig auskühlen lassen.

05 Für die Buttercreme die Butter in eine große Rührschüssel geben und mit dem Handrührgerät aufschlagen, dann den Vanilleextrakt einrühren. Die Hälfte des Puderzuckers dazusieben und glatt rühren. Den restlichen Puderzucker und die Milch hinzufügen und glatt rühren.

06 Die Buttercreme in einen sauberen Spritzbeutel mit Sterntülle füllen und auf die ausgekühlten Cupcakes spritzen. Mit bunten Zuckerstreuseln verzieren.

07 Am besten sofort servieren. Die Cupcakes halten sich in einem luftdichten Behälter im Kühlschrank 3 Tage.

S'MORES-COOKIETEIG-RIEGEL

16 Stück

Weicher Cookieteig mit Keksstückchen, Schokoriegeln und Marshmallows satt – diese Riegel sind der Himmel auf Erden! Nasch bei der Zubereitung nicht zu viel von der Marshmallowcreme, du brauchst sie noch zum Backen ...

1 Stunde
+ 3 Stunden Kühlzeit

225 g zimmerwarme Butter
150 g Rohrzucker
75 g Kristallzucker (6 EL)
2 Eier
1 TL Vanilleextrakt
270 g Weizenmehl Type 405
1 TL Natron
1 TL Salz
200 g Schokochips + 20 g (1½ EL) zum Bestreuen (nach Belieben)
100 g Vollkornkekse (oder Graham Crackers), in Stücke zerbrochen
400 g Vollmilchschokoriegel
200 g Marshmallowcreme (z. B. Marshmallow Fluff) oder Mini-Marshmallows

01 Den Backofen auf 170 °C (Ober-/Unterhitze), 150 °C (Umluft) oder Gas Stufe 2 vorheizen und eine quadratische Backform (23 x 23 cm) mit Backpapier auslegen (siehe Seite 16).

02 Die Butter und beide Zuckersorten in eine große Rührschüssel geben und mit dem Handrührgerät schaumig aufschlagen. Die Eier und den Vanilleextrakt dazugeben und mit einem Holzlöffel kurz unterrühren (die Masse sollte noch stückig sein). Mehl, Natron und Salz unterheben, bis nur noch wenige Mehlstreifen zu sehen sind, dann Schokochips und Keksstücke gleichmäßig unterziehen.

03 Die Hälfte des Cookieteigs in die Backform geben und glatt streichen. Mit den ganzen Schokoriegeln belegen, die Marshmallowcreme daraufgeben und vorsichtig glätten, dabei einen Abstand von 2 cm zum Rand frei lassen. Mit dem restlichen Cookieteig bedecken und vorsichtig glatt streichen. Nach Belieben noch Schokochips darüberstreuen.

04 Im Ofen 35–45 Minuten backen, bis die Oberfläche goldbraun ist. In der Backform vollständig auskühlen lassen, dann mindestens 3 Stunden kalt stellen.

05 Vor dem Servieren aus dem Kühlschrank nehmen und etwa 10 Minuten ruhen lassen (dann lässt sich die Schokolade leichter schneiden, am besten mit einem angewärmten, scharfen Messer, siehe Seite 11). In 16 Riegel schneiden und genießen!

06 Die Riegel halten sich in einem luftdichten Behälter im Kühlschrank 4 Tage.

GEFÜLLTER COOKIEKUCHEN

12 Portionen

Karamellig-weich, gefüllt mit Schokostückchen und Nuss-Nougat-Creme. Besser geht's nicht! Keksteig in Kuchenform mit dem Löffel zu essen ist einfach unglaublich lecker. Probiere auch einmal weiße Schokochips und eine Füllung aus Spekulatiuscreme, Erdnussbutter und Schokokeksen mit Cremefüllung. Lass deiner Fantasie freien Lauf!

45 Minuten

- 200 g zimmerwarme Butter
- 250 g Rohrzucker
- 1 Ei
- 1 TL Vanilleextrakt
- 320 g Weizenmehl Type 405
- ½ TL Natron
- 120 g Vollmilch- oder Zartbitterschokochips (9 EL)
- 300 g Nuss-Nougat-Creme
- Eiscreme zum Servieren (nach Belieben)

01 Den Backofen auf 180 °C (Ober-/Unterhitze), 160 °C (Umluft) oder Gas Stufe 2–3 vorheizen. Eine runde Springform (ø 20 cm) einfetten und mit Backpapier auslegen (siehe Seite 16).

02 Butter und Zucker in eine große Rührschüssel geben und mit dem Handrührgerät locker-schaumig aufschlagen. Ei und Vanilleextrakt kurz unterrühren. Mehl und Natron mit einem Holzlöffel oder Spatel unterheben, dann 100 g (7 EL) Schokochips unterziehen.

03 Ein Drittel des Teigs auf ein Stück Frischhaltefolie setzen und zu einem runden Teigdeckel (ø 20 cm) formen. Beiseitestellen.

04 Den restlichen Teig in die vorbereitete Backform drücken und den Rand etwa 5 cm hoch auskleiden (am besten mit den Fingerspitzen). Die Nuss-Nougat-Creme in die Mitte geben und mit einem Löffelrücken glatt streichen, dabei einen Abstand von etwa 1 cm zum Rand hin frei lassen. Vorsichtig den Teigdeckel auflegen und den Rand mit den Fingern verschließen. Die restlichen Schokochips in den Teigdeckel drücken.

05 Im Ofen 20–30 Minuten backen, bis der Kuchen knusprig und hellbraun ist. In der Backform vollständig auskühlen lassen.

06 Dann auf eine Kuchenplatte setzen. Vor dem Servieren den Kuchen 5 Minuten bei 170 °C (Ober-/Unterhitze), 150 °C (Umluft) oder Gas Stufe 2 im Backofen backen. Alternativ einzelne Stücke 20–30 Sekunden bei mittlerer Stufe in der Mikrowelle erwärmen. Mit einer Kugel Eiscreme servieren.

07 Der Kuchen hält sich in einem luftdichten Behälter 4 Tage.

AUCH:

Du magst es noch schokoladiger? Ersetze 20 g (2½ EL) Mehl durch 20 g Kakaopulver (100 % Kakaoanteil).

RED-VELVET-KUCHENBÄLLCHEN

30 Stück

Kennst du Cake Pops? Wenn du sie schon probiert hast, weißt du, wie toll sie schmecken. Diese Kuchenbällchen haben zwar keinen Stiel, schmecken aber ebenso lecker. Frischkäsecreme, Red Velvet Cake, umhüllt von cremig-weißer Schokolade – diese Kombi ist kaum zu toppen. Die Kuchenbällchen lassen sich gut im Kühlschrank aufbewahren, so hast du jederzeit einen süßen Snack parat. Oder du bringst sie mit zur nächsten Party. Das Rezept ist ganz einfach und passt für jede Kombi von Kuchen und Creme. Für den Red Velvet Cake verwende ich eine Fertigbackmischung, du kannst ihn aber natürlich auch selbst backen.

1 Stunde + 1 Stunde Abkühlzeit, 2 Stunden 20 Minuten Kühlzeit

- 1 Backmischung für Red Velvet Cake (425 g) + die auf der Packung angegebenen Zutaten
- rote Lebensmittelfarbe (nach Belieben)
- 150 g Frischkäsecreme (siehe Seite 225)
- 250 g weiße Schokolade, in Stücke zerbrochen

01 Den Backofen auf 180 °C (Ober-/Unterhitze), 160 °C (Umluft) oder Gas Stufe 2–3 vorheizen und eine rechteckige Backform (20 x 25 cm) mit Backpapier auslegen (siehe Seite 16).

02 Den Red Velvet Cake nach Packungsanweisung zubereiten. Nach Belieben noch etwas rote Lebensmittelfarbe dazugeben. Den Teig in die Backform gießen und gleichmäßig glatt streichen. 25–30 Minuten backen, bis an einem in den Kuchen gesteckten Holzstäbchen kein Teig mehr anhaftet. In der Backform vollständig auskühlen lassen.

03 Den Kuchen in der Backform mit einer Gabel oder den Händen fein zerbröseln. 2 Esslöffel Kuchenkrümel als Deko beiseitestellen. Die restlichen Krümel in eine große Rührschüssel geben und die Frischkäsecreme unterheben.

04 Ein Backblech mit Backpapier auslegen. 1 Esslöffel Krümelmasse abnehmen, mit den Händen zu einer Kugel formen und auf das Blech legen. Die restliche Krümelmasse ebenso verarbeiten (30 Kugeln) und 20 Minuten in das Tiefkühlfach stellen.

05 Zum Überziehen der Kugeln ein Kuchengitter auf einen Bogen Backpapier setzen und die Schokolade schmelzen (siehe Seite 17). Die Kugeln mithilfe von 2 Gabeln in die geschmolzene Schokolade tauchen, dabei überschüssige Schokolade abtropfen lassen. Auf das Kuchengitter setzen und mit den restlichen Krümeln bestreuen.

AUCH:

Wie wär's mit Schokokuchen und Buttercreme? Überziehe sie mit Milchschokolade – köstlich!

06 Bei Zimmertemperatur fest werden lassen oder 1–2 Stunden kalt stellen, bis die Kuchenbällchen fest sind. Vorsichtig vom Kuchengitter heben (damit die Schokohülle nicht bricht) und servieren. Enjoy!

07 Die Bällchen halten sich in einem luftdichten Behälter im Kühlschrank 3 Tage.

RED-VELVET-BROWNIES

16 Stück

Diese Brownies sind unwiderstehlich! Sie sind leuchtend rot und mit Frischkäsecreme bestrichen – perfekt also für Weihnachten oder den Valentinstag. Aber wer braucht schon einen Vorwand, um Brownies zu backen? Auch an ganz normalen Wochentagen schmecken sie köstlich. Magst du die Cremeschicht etwas dünner? Dann halbiere einfach die Zutatenmenge. Und auch ohne Creme sind die Red-Velvet-Brownies ein Gedicht.

50 Minuten + 2 Stunden Abkühlzeit

170 g Butter, zerlassen und abgekühlt
260 g Kristallzucker
1 Ei + 1 Eigelb
1 TL Vanilleextrakt
½ TL Zitronensaft (oder weißer Essig)
200 g Weizenmehl Type 405
10 g Kakaopulver (2 EL)
rote Lebensmittelfarbe (nach Belieben)
100 g weiße Schokochips (7 EL)

FÜR DIE FRISCHKÄSECREME

60 g zimmerwarme Butter (4 EL)
110 g Doppelrahmfrischkäse
1 TL Vanilleextrakt
250 g Puderzucker, gesiebt

01 Den Backofen auf 180 °C (Ober-/Unterhitze), 160 °C (Umluft) oder Gas Stufe 2–3 vorheizen und eine quadratische Backform (20 x 20 cm) mit Backpapier auslegen (siehe Seite 16).

02 Butter und Zucker für die Brownies in eine große Rührschüssel geben und mit dem Handrührgerät schaumig aufschlagen. Ei, Eigelb, Vanilleextrakt und Zitronensaft einrühren, bis die Masse dickflüssig wird. Mehl, Kakaopulver und rote Lebensmittelfarbe nach Belieben mit einem Holzlöffel oder Spatel unterheben, dann die Schokochips unterheben.

03 Den Teig in die Backform geben und mit einem Löffelrücken glatt streichen. Etwa 30 Minuten backen, bis die Oberfläche knusprig ist. In der Backform vollständig auskühlen lassen.

04 Für die Frischkäsecreme die Butter in einer großen Rührschüssel mit dem Handrührgerät glatt und cremig aufschlagen. Den Frischkäse und den Vanilleextrakt dazugeben und weiterschlagen, bis die Masse glatt ist. Nach und nach den Puderzucker einrühren.

05 Die Creme auf den Brownies mit einer Kuchenpalette gleichmäßig verstreichen. In 16 Quadrate schneiden.

06 Die Brownies halten sich in einem luftdichten Behälter im Kühlschrank 5 Tage.

HEISSER SCHOKOLADENAUFLAUF

6–8 Portionen

Schokofans aufgepasst: Dieses Rezept ist für euch! Fluffig warmer Schokoladenbiskuit mit einer vollmundigen Schokosauce, die im Backofen vom Teig aufgesogen wird. Unglaublich lecker! Außerdem ist er wirklich einfach zubereitet und daher perfekt als opulenter Abschluss einer Dinnerparty.

50 Minuten

125 g Weizenmehl Type 405
100 g feinster Zucker
25 g Kakaopulver (5 EL)
2 TL Backpulver
½ TL Salz
60 g Butter (4 EL), zerlassen und abgekühlt
175 ml Vollmilch

FÜR DIE SAUCE

80 g feinster Zucker
100 g Rohrzucker
20 g Kakaopulver

01 Den Backofen auf 180 °C (Ober-/Unterhitze), 160 °C (Umluft) oder Gas Stufe 2–3 vorheizen und eine tiefe Auflaufform (28 x 18 cm) mit Butter einfetten.

02 Für den Teig Mehl, Zucker, Kakaopulver, Backpulver und Salz in eine große Rührschüssel geben und mit dem Schneebesen vermengen. Butter und Milch hinzufügen und glatt rühren. Den Teig in die Auflaufform geben und mit einem Löffelrücken glatt streichen.

03 Für die Sauce beide Zuckersorten und das Kakaopulver in einer zweiten mittelgroßen Schüssel vermengen und den Teig damit bestreuen.

04 Vorsichtig 300 ml kochendes Wasser in die Auflaufform gießen. Nicht vermengen oder umrühren, sondern einfach auf der Teigmasse stehen lassen.

05 Die Auflaufform vorsichtig in den Backofen schieben und etwa 35 Minuten backen, bis die Kruste Risse aufweist. Vor dem Servieren einige Minuten abkühlen lassen. Enjoy!

KARAMELL-BLONDIES MIT SCHOKOCHIPS

16 Stück

Karamellig und mit vielen Schokostückchen – diese Blondies sind eigentlich Brownies mit weißer Schokolade. Wenn du weiße Schokolade ebenso liebst wie ich, wirst du begeistert sein. Nicht ohne Grund ist dies eines meiner Lieblingsrezepte!

40 Minuten + 3 Stunden Kühlzeit

225 g weiße Schokolade, in Stücke zerbrochen
115 g Butter (8 EL)
2 Eier
70 g Kristallzucker (5½ EL)
2 TL Vanilleextrakt
155 g Weizenmehl Type 405
1 TL Salz
150 g weiße und Vollmilchschokochips (oder Riegel aus weißer und Vollmilchschokolade, z. B. Kinderschokolade)
60 g Nuss-Nougat-Creme (3 EL, z. B. Nutella)

AUCH:

Probiere einmal Spekulatiuscreme oder Erdnussbutter statt Nuss-Nougat-Creme!

01 Den Backofen auf 170 °C (Ober-/Unterhitze), 150 °C (Umluft) oder Gas Stufe 2 vorheizen und eine quadratische Backform (20 x 20 cm) mit Backpapier auslegen (siehe Seite 16).

02 Schokoladenstücke und Butter in eine mikrowellengeeignete Schüssel geben und auf höchster Stufe in 30-Sekunden-Intervallen in der Mikrowelle erwärmen, zwischendurch jeweils umrühren. 10 Minuten abkühlen lassen.

03 Inzwischen die Eier in einer großen Rührschüssel mit dem Handrührgerät 5–10 Minuten schaumig aufschlagen, dann Zucker und Vanilleextrakt einrühren. Die abgekühlte Schokomasse hinzugießen und weiterschlagen, bis die Masse glatt ist.

04 Mehl und Salz dazusieben und mit einem Holzlöffel oder Spatel unterheben. Die Schokochips gleichmäßig unterziehen. Den Teig in die Backform geben und glatt streichen.

05 Die Nuss-Nougat-Creme in eine mikrowellengeeignete Schüssel geben und auf höchster Stufe in 20-Sekunden-Intervallen in der Mikrowelle erwärmen, bis die Masse flüssig ist. Zwischendurch jeweils umrühren. In Linien auf die Blondies träufeln und mit einem Messer oder Spieß ein Muster durch den Teig ziehen.

06 Im Ofen 20–25 Minuten hellbraun backen, bis der Kuchen fest ist. In der Backform vollständig auskühlen lassen und mindestens 3 Stunden kalt stellen, damit die Brownies fester werden. In 16 Quadrate schneiden und genießen!

07 Die Blondies halten sich in einem luftdichten Behälter bei Zimmertemperatur 5 Tage.

COOKIETEIG-RIEGEL MIT SCHOKOCHIPS

16 Stück

Weicher Cookieteig mit Schokostückchen, hier in Riegelform und bestreut mit einer Prise Meersalz – besser geht es nicht. Diese Cookieteig-Riegel sind schneller und einfacher zubereitet als normale Kekse, und außerdem erübrigt sich das Kaltstellen des Teigs vor dem Backen. Genieße sie kalt aus dem Kühlschrank oder erwärme sie kurz in der Mikrowelle. Sündhaft lecker!

40 Minuten

225 g zimmerwarme Butter
150 g Rohrzucker
75 g Kristallzucker (6 EL)
2 Eier
1 TL Vanilleextrakt
270 g Weizenmehl Type 405
1 TL Natron
1 TL Salz
400 g Vollmilch- oder Zartbitterschokochips
Meersalz zum Bestreuen (nach Belieben)

01 Den Backofen auf 180 °C (Ober-/Unterhitze), 160 °C (Umluft) oder Gas Stufe 2–3 vorheizen und eine rechteckige Backform (20 x 25 cm) mit Backpapier auslegen (siehe Seite 16).

02 Butter und beide Zuckersorten in eine große Rührschüssel geben und mit dem Handrührgerät schaumig aufschlagen. Eier und Vanilleextrakt hinzufügen und mit einem Holzlöffel kurz verrühren. Mehl, Natron und Salz unterheben, bis nur noch wenige Mehlstreifen zu sehen sind. Dann 350 g Schokochips gleichmäßig unterziehen.

03 Den Teig in die Backform geben und glatt streichen, danach die restlichen Schokochips in den Teig drücken.

04 Im Ofen 20–25 Minuten backen, bis die Oberfläche goldbraun, die Mitte aber noch weich ist. Nach Belieben die noch warmen Riegel mit Meersalz bestreuen. In der Backform vollständig auskühlen lassen und in 16 Riegel schneiden.

05 Die Riegel am besten am selben oder am darauffolgenden Tag verzehren, sie halten sich aber in einem luftdichten Behälter bei Zimmertemperatur oder im Kühlschrank 5 Tage. Tipp: Aufgewärmt werden sie wieder köstlich weich.

KARAMELL-BROWNIES MIT DREIERLEI SCHOKO

16 Stück

Eines meiner besten Brownierezepte, vollmundig und karamellig, schön mürbe und mit Knusperkruste. Für dieses Rezept verwende ich Vollmilch-, Zartbitter- und weiße Schokolade, du kannst aber auch andere Zutaten wie Nüsse, Stücke deiner Lieblingsschokolade oder zerbrochene Schokokekse mit Cremefüllung nehmen.

50 Minuten
+ Kühlzeit über Nacht

170 g Butter, zerlassen und abgekühlt
100 g Rohrzucker
150 g feinster Zucker
2 Eier
125 g Zartbitterschokolade (mind. 50 % Kakaoanteil), in Stücke zerbrochen, geschmolzen und abgekühlt (siehe Seite 17)
100 g Weizenmehl Type 405
30 g Kakaopulver (6 TL)
1 TL Salz
100 g Zartbitterschokochips (7 EL)
100 g weiße Schokochips (7 EL)
100 g Vollmilchschokochips (7 EL)

01 Den Backofen auf 190 °C (Ober-/Unterhitze), 170 °C (Umluft) oder Gas Stufe 3 vorheizen und eine quadratische Backform (20 x 20 cm) mit Backpapier auslegen (siehe Seite 16).

02 Butter und beide Zuckersorten in eine große Rührschüssel geben und mit dem Handrührgerät 2–3 Minuten glatt rühren. Die Eier hinzufügen und halbsteif aufschlagen (dies kann je nach der Temperatur der Zutaten und den verwendeten Küchenutensilien bis zu 15 Minuten dauern). Die geschmolzene Schokolade kurz einrühren.

03 Mehl, Kakaopulver und Salz dazusieben und mit einem Holzlöffel oder Spatel vorsichtig unterheben, bis nur noch wenige Mehlstreifen zu sehen sind. Dabei sollte möglichst wenig Luft entweichen. Dann alle Schokochips gleichmäßig unterziehen, bis keine Mehlstreifen mehr verbleiben.

04 Den Teig in die Backform geben und mit einem Löffelrücken glatt streichen.

05 Im Ofen 25–30 Minuten backen, bis sich Risse an den Rändern bilden. In der Backform vollständig auskühlen lassen und am besten über Nacht kalt stellen. In 16 Quadrate schneiden und genießen!

06 Die Brownies halten sich in einem luftdichten Behälter bei Zimmertemperatur oder im Kühlschrank 5 Tage.

ZITRONEN-BLONDIES

16 Stück

Diese Blondies schmecken wunderbar erfrischend nach Zitrone und schmelzen dabei wie Karamell auf der Zunge. Unter der Zuckerglasur – für mich ein absolutes Muss beim Backen mit Zitrone – entfalten sich fruchtige Aromen. Die Blondies sind einfach in der Zubereitung und perfekt für einen entspannten Tag in der Sonne. Genieße sie mit einer Tasse Tee oder bei einem Picknick im Grünen oder packe sie in die Lunchbox. Alle werden sie lieben!

45 Minuten

215 g zimmerwarme Butter
180 g Kristallzucker
1 Ei + 1 Eigelb
60 ml frisch gepresster Zitronensaft (4 EL, von etwa 1½ Zitronen)
300 g Weizenmehl Type 405
½ TL Backpulver
½ TL Salz
geriebene Schale von 1 Zitrone

FÜR DIE GLASUR

250 g Puderzucker
5–6 EL Zitronensaft

01 Den Backofen auf 170 °C (Ober-/Unterhitze), 150 °C (Umluft) oder Gas Stufe 2 vorheizen und eine quadratische Backform (20 x 20 cm) mit Backpapier auslegen (siehe Seite 16).

02 Butter und Zucker in eine große Rührschüssel geben und mit dem Handrührgerät schaumig aufschlagen. Ei, Eigelb und Zitronensaft hinzugeben und kurz unterrühren. Mehl, Backpulver und Salz dazusieben und mit einem Holzlöffel oder Spatel unterheben. Die Zitronenschale unterziehen. Die Konsistenz der Masse sollte einem Keksteig ähneln.

03 Den Teig in die Backform geben und glatt streichen. Im Ofen 30–35 Minuten backen, bis der Kuchen hellbraun ist.

04 Inzwischen für die Glasur Puderzucker und Zitronensaft in einer kleinen Schüssel zu einer glatten Masse verrühren.

05 Den Kuchen aus dem Backofen nehmen und sofort mit der Glasur beträufeln. In der Backform vollständig auskühlen lassen. In 16 Quadrate schneiden – enjoy!

06 Die Blondies halten sich in einem luftdichten Behälter bei Zimmertemperatur 5 Tage.

BANANENBROT MIT ZIMTWIRBELN

10 Scheiben

Eines meiner Lieblingsrezepte in diesem Buch! Um es zu backen, ist mir jeder Vorwand recht – Geburtstage, Hochzeiten, Weihnachten, weil die Sonne scheint, weil es regnet ... Ich kann nicht genug davon bekommen. Dieses Bananenbrot liefert Bananenaromen satt, buttrig-weiche Zimtwirbel und eine schöne Zuckerkruste. Wer Zimt und Bananenbrot mag, wird bei diesem Kuchen dahinschmelzen!

1 Stunde 20 Minuten

225 ml Pflanzenöl
100 g Kristallzucker
100 g Rohrzucker
2 Eier
2 TL Vanilleextrakt
250 g Weizenmehl Type 405
1 TL Natron
¼ TL Salz
4 mittelgroße reife Bananen, zerdrückt

FÜR DIE ZIMTWIRBEL

60 g Butter (4 EL), zerlassen
40 g Rohrzucker (3½ EL)
40 g Kristallzucker (3½ EL)
2 EL Zimtpulver

01 Den Backofen auf 180 °C (Ober-/Unterhitze), 160 °C (Umluft) oder Gas Stufe 2–3 vorheizen und eine Kastenform (23 x 13 cm) mit Backpapier auslegen.

02 Pflanzenöl und beide Zuckersorten für den Teig in eine große Rührschüssel geben und mit dem Schneebesen glatt rühren. Eier und Vanilleextrakt kurz unterrühren. Dann Mehl, Natron und Salz dazusieben und mit einem Holzlöffel oder Spatel unterheben, bis nur noch wenige Mehlstreifen zu sehen sind. Die zerdrückten Bananen unterziehen.

03 Alle Zutaten für die Zimtwirbel in ein Schüsselchen geben und mit einem kleinen Löffel oder einer Gabel glatt rühren.

04 Ein Viertel des Teigs in der Kastenform verteilen, ein Viertel der Zimtmasse daraufgeben und mit einem Messer oder Spieß ein Muster durch den Teig ziehen. Mit dem übrigen Teig und der Zimtmischung abwechselnd drei weitere Lagen darüberschichten und mit einer Zimtschicht abschließen.

05 Im Ofen 50–65 Minuten backen, bis an einem in den Kuchen gesteckten Holzstäbchen kein Teig mehr anhaftet. Mindestens 1 Stunde in der Form abkühlen lassen, dann auf ein Kuchengitter setzen und vollständig auskühlen lassen. Vor dem Servieren in 10 Scheiben schneiden.

06 Der Kuchen hält sich in einem luftdichten Behälter bei Zimmertemperatur 4 Tage. Für etwas mehr Süße 100 g Puderzucker mit 4 Esslöffel kochendem Wasser verrühren und vor dem Servieren über den Kuchen träufeln.

NO-BAKE SPEKULATIUS-CHEESECAKE

12 Portionen

Eines meiner beliebtesten Rezepte! Als ich es zum ersten Mal im Internet teilte, erhielt ich Hunderte begeisterte Nachrichten. Ein buttriger Boden aus Spekulatiuskeksen, ein cremiger Spekulatiusbelag und ein Topping aus Spekulatiuscreme – dieser Cheesecake ist voller Karamellaromen und ganz einfach zubereitet. Man braucht dafür nur etwas Geduld ..., das ist es aber wert!

30 Minuten + 7 Stunden Kühlzeit

FÜR DEN BODEN

250 g Spekulatiuskekse (z. B. Biscoff)
75 g Butter (5 EL), zerlassen

FÜR DEN BELAG

280 g kalte Crème double
500 g zimmerwarmer Doppelrahmfrischkäse
50 g Puderzucker (6 ½ EL)
1 TL Vanilleextrakt
250 g Spekulatiuscreme (z. B. Biscoff)

FÜR DAS TOPPING

150 g Spekulatiuscreme
3 Spekulatiuskekse, 2 zerstoßen + 1 ganz belassen

01 Den Boden einer runden Springform (Ø 20 cm) mit Backpapier auslegen (siehe Seite 16).

02 Die Kekse für den Boden in einer Küchenmaschine fein zerkleinern. Alternativ in einem Plastikbeutel mit dem Nudelholz zerdrücken. In eine mittelgroße Schüssel geben, die zerlassene Butter dazugießen und mit einem Holzlöffel einarbeiten. Die Krümelmasse in die Springform füllen, mit den Händen oder einem Löffelrücken fest am Boden andrücken und kalt stellen.

03 Inzwischen die Crème double in einer großen Rührschüssel mit dem Handrührgerät steif aufschlagen. Frischkäse, Puderzucker, Vanilleextrakt und Spekulatiuscreme in einer weiteren Schüssel mit dem Handrührgerät glatt und cremig aufschlagen, dann die geschlagene Crème double mit einem Spatel unterheben, bis alles vermengt ist.

04 Den Keksboden aus dem Kühlschrank nehmen, den Belag darauf verteilen und glatt streichen. Dabei etwas andrücken, damit keine Löcher verbleiben. Mindestens 6 Stunden kalt stellen, am besten über Nacht, bis der Belag fest ist.

Fortsetzung auf der folgenden Doppelseite ...

05 Für das Topping die Spekulatiuscreme in eine mikrowellengeeignete Schüssel geben und auf höchster Stufe in 20-Sekunden-Intervallen in der Mikrowelle erwärmen, bis die Masse flüssig ist. Zwischendurch jeweils umrühren. Dann etwas abkühlen lassen.

06 Den Cheesecake aus der Springform lösen und auf ein Kuchengitter setzen. Die Hälfte der geschmolzenen Spekulatiuscreme darübergießen, glatt streichen und über den Rand tropfen lassen. Mit der restlichen Spekulatiuscreme wiederholen. Den Rand mit den zerstoßenen Keksen bestreuen und den ganzen Keks in die Mitte legen. Vor dem Servieren mindestens 1 Stunde kalt stellen, damit das Topping fest wird. Enjoy!

07 Die Torte hält sich im Kühlschrank 3 Tage.

COOKIETEIG-BROWNIES

16 Stück

Dies ist eines meiner beliebtesten Rezepte. Perfekt für alle, die sich zwischen Cookies und Brownies nicht entscheiden können ... Diese Brownies sind karamellig und schokoladig zugleich, mit jeder Menge Schokochips und großen Stücken Keksteig. Sowohl der Brownie- als auch der Cookieteig sind schnell zubereitet. Dann schichtest du sie einfach aufeinander.

50 Minuten
+ 2 Stunden Kühlzeit

FÜR DEN BROWNIETEIG

170 g Butter, zerlassen und abgekühlt
250 g feinster Zucker
2 Eier
125 g Zartbitterschokolade (mind. 50 % Kakaoanteil), geschmolzen und abgekühlt (siehe Seite 17)
100 g Weizenmehl Type 405
30 g Kakaopulver (6 EL)
1 TL Salz
80 g Vollmilch- oder Zartbitterschokochips (6 EL)

FÜR DEN COOKIETEIG

70 g zimmerwarme Butter (5 EL)
90 g Rohrzucker
1 Eigelb
1 TL Vanilleextrakt
80 g Weizenmehl Type 405
½ TL Backpulver
70 g Vollmilch- oder Zartbitterschokochips + etwas zum Bestreuen

01 Den Backofen auf 190 °C (Ober-/Unterhitze), 170 °C (Umluft) oder Gas Stufe 3 vorheizen und eine quadratische Backform (20 x 20 cm) mit Backpapier auslegen (siehe Seite 16).

02 Für den Brownieteig zerlassene Butter und Zucker in eine große Rührschüssel geben und mit dem Handrührgerät glatt rühren. Die Eier hinzufügen und weiterschlagen, bis die Masse dickflüssig ist und sich das Volumen mindestens verdoppelt hat. Die Zartbitterschokolade einrühren.

03 Mehl, Kakaopulver und Salz dazusieben und mit einem Holzlöffel oder Spatel kurz unterheben. Schokochips gleichmäßig unterziehen. Dann beiseitestellen.

04 Inzwischen für den Cookieteig Butter und Zucker in eine große Rührschüssel geben und mit dem Handrührgerät schaumig aufschlagen. Eigelb und Vanilleextrakt kurz einrühren. Mehl und Backpulver mit einem Holzlöffel oder Spatel unterheben, bis nur noch wenige Mehlstreifen zu sehen sind. Dann die Schokochips gleichmäßig unterziehen.

05 Den Brownieteig in die Backform füllen und mit einem Löffelrücken gleichmäßig glatt streichen.

Fortsetzung auf der folgenden Doppelseite ...

06 Etwa ½ Esslöffel Cookieteig abnehmen und mit den Händen zu einem Bällchen formen, den restlichen Teig ebenso verarbeiten. Die Bällchen locker auf dem Brownieteig verteilen, dabei etwas Abstand zwischen ihnen lassen. Mit etwas Schokochips bestreuen.

07 Im Ofen 30 Minuten goldbraun backen, bis sich Risse an den Rändern bilden. In der Backform vollständig auskühlen lassen.

08 Mindestens 2 Stunden kalt stellen, am besten über Nacht, damit der Teig fester wird und sich besser schneiden lässt. In 16 Quadrate schneiden und genießen!

09 Die Brownies halten sich in einem luftdichten Behälter bei Zimmertemperatur oder im Kühlschrank 1 Woche.

TIPP:

Backfaul? Dann bereite den Brownie- und Cookieteig nicht selbst zu, sondern nimm Fertigbackmischungen.

WEISSER NO-BAKE SCHOKO-CHEESECAKE

12 Portionen

Du liebst weiße Schokolade? Dann ist dies der richtige Cheesecake für dich. Er ist cremig und einfach köstlich. Das Backen erübrigt sich hier. Der Belag aus Frischkäse und weißer Schokolade auf einem buttrigen Keksboden wird garniert mit weißer Ganache.

50 Minuten + 8 Stunden Kühlzeit

FÜR DEN BODEN
280 g Mürbeteigkekse
70 g Butter (5 EL), zerlassen

FÜR DEN BELAG
330 g kalte Crème double
500 g kalter Doppelrahmfrischkäse
120 g Puderzucker
250 g weiße Schokolade, geschmolzen und auf Zimmertemperatur abgekühlt (siehe Seite 17)

FÜR DAS TOPPING
300 g weiße Schokolade, in Stücke zerbrochen + 1 Stück als Dekoration
140 g Crème double
10 g Mürbeteigkekse (1½ EL), zerkrümelt

01 Den Boden einer runden Springform (⌀ 20 cm) mit Backpapier auslegen (siehe Seite 16).

02 Für den Boden die Kekse in eine Küchenmaschine geben und fein zerkleinern. Alternativ in einem Plastikbeutel mit dem Nudelholz zerdrücken. In eine große Rührschüssel geben, die zerlassene Butter dazugießen und mit einem Holzlöffel einarbeiten. Die Krümelmasse in die Springform füllen und mit einem Löffelrücken fest am Boden andrücken. Kalt stellen.

03 Inzwischen die Crème double in einer großen Rührschüssel mit dem Handrührgerät steif aufschlagen. Frischkäse und Puderzucker in einer zweiten Schüssel mit dem Handrührgerät glatt rühren. Die weiße Schokolade dazugießen und unterrühren, dann die geschlagene Crème double mit einem Spatel kurz unterheben.

04 Den Keksboden aus dem Kühlschrank nehmen, den Belag darauf verteilen und glatt streichen, dabei gut am Boden andrücken. Mindestens 6 Stunden kalt stellen, am besten über Nacht, bis der Belag fest ist.

05 Für das Topping die Schokostücke und die Crème double in eine mikrowellengeeignete Schüssel geben und auf höchster Stufe 1 Minute 20 Sekunden in der Mikrowelle erwärmen (die Crème double sollte so warm sein, dass die Schokolade schmilzt, ohne aber zu kochen). Etwa 2 Minuten stehen lassen, dann glatt rühren. Ist die Ganache noch zu flüssig, 20 Minuten kalt stellen, damit sie eindickt.

AUCH:

Statt Mürbeteigkeksen kannst du auch Vollkornkekse (oder Graham Crackers) und 180 g Butter nehmen.

06 Den Cheesecake aus der Springform lösen und auf ein Kuchengitter setzen. Die Ganache darübergießen und über den Rand tropfen lassen. Mit einer Kuchenpalette oder einem Löffelrücken glätten. Mindestens 2 Stunden kalt stellen, damit die Ganache fest wird. Den Rand mit den Kekskrümeln bestreuen und ein Schokoladenstück in die Mitte setzen. Vor dem Servieren in 12 Stücke schneiden.

07 Der Kuchen hält sich im Kühlschrank 3 Tage.

ZIMTAPFELKUCHEN

10-16 Stück

Eines meiner liebsten Kuchenrezepte. Saftiger Teig, butterweiche Zimtwirbel und Äpfel satt, gekrönt mit einer zuckersüßen Glasur. Er schmeckt wie Zimtschnecken, aber in Kuchenform – sogar leckerer, finde ich (und ich liebe Zimtschnecken). Ich hoffe, auch ihr werdet diesem Kuchen nicht widerstehen können!

1 Stunde

FÜR DIE ÄPFEL
45 g (3 ½ EL) Kristallzucker
1 TL Zimtpulver
2 Äpfel, geschält, entkernt und in Würfel geschnitten

FÜR DIE ZIMTWIRBEL
150 g Rohrzucker
2 EL Zimtpulver
120 g Butter (8 ½ EL), zerlassen

FÜR DEN KUCHENTEIG
360 g Weizenmehl Type 405
200 g feinster Zucker
4 TL Backpulver
300 ml zimmerwarme Vollmilch
1 TL Vanilleextrakt
2 Eier, leicht verquirlt
110 g Butter (7 ½ EL), zerlassen und abgekühlt

FÜR DIE GLASUR
200 g Puderzucker
40 ml Vollmilch (2 EL + 2 TL)

01 Den Backofen auf 180 °C (Ober-/Unterhitze), 160 °C (Umluft) oder Gas Stufe 2–3 vorheizen und eine rechteckige Backform (20 x 25 cm) mit Backpapier auslegen (siehe Seite 16).

02 Für die Apfelmasse Zucker und Zimt in einer kleinen Schüssel mit einem Löffel vermengen. Die Apfelwürfel unterheben, bis sie vollständig bedeckt sind. Beiseitestellen.

03 Für die Zimtwirbel Zucker, Zimt und Butter in einer kleinen Schüssel mit einem Löffel verrühren. Beiseitestellen.

04 Für den Kuchenteig Mehl, Zucker und Backpulver in einer großen Rührschüssel mit dem Schneebesen glatt rühren. Milch, Vanilleextrakt und Eier unterrühren. Die Butter mit einem Holzlöffel oder Spatel vorsichtig verrühren.

05 Die Zimtäpfel unterheben, den Teig in die Backform füllen und glatt streichen. Die Zimtmischung daraufgeben und mit einem Messer oder Spieß ein Wirbelmuster durch den Teig ziehen (nicht zu tief, nur in der oberen Teigschicht).

06 Im Ofen 40–45 Minuten backen, bis an einem in den Kuchen gesteckten Holzstäbchen kein Teig mehr anhaftet.

07 Inzwischen für die Glasur Puderzucker und Milch in eine kleine Schüssel geben und mit einem Löffel glatt rühren. Den Kuchen aus dem Backofen nehmen, den Zuckerguss darübergießen und glatt streichen. Mindestens 45 Minuten in der Backform abkühlen lassen, dann herausnehmen und in 10–16 Stücke schneiden. Warm oder kalt genießen.

08 Der Kuchen hält sich in einem luftdichten Behälter bei Zimmertemperatur 3 Tage.

MÜRBE CHOCOLATE-CHIP-COOKIES

16 Stück

Meine Lieblingscookies! Eigentlich bevorzuge ich ja dickere und weiche Cookies, für diese Cookies aber mache ich eine Ausnahme. Sie sind schnell zubereitet und unwiderstehlich, mit knusprigen Rändern, weicher Mitte und voller Schokostückchen. Je nach Belieben nimmst du Vollmilch-, weiße oder dunkle Schokochips.

50 Minuten
+ 30 Minuten Kühlzeit

110 g Butter (7 ½ EL), zerlassen und abgekühlt
150 g Rohrzucker
115 g Kristallzucker
1 Ei
1 TL Vanilleextrakt
180 g Weizenmehl Type 405
½ TL Natron
½ TL Salz
200 g Vollmilch-, Zartbitter- oder weiße Schokochips

01 Den Backofen auf 180 °C (Ober-/Unterhitze), 160 °C (Umluft) oder Gas Stufe 2–3 vorheizen.

02 Die Butter und beide Zuckersorten in eine große Rührschüssel geben und mit dem Schneebesen glatt rühren, bis sich die Masse vom Schüsselrand löst (dies kann einige Minuten dauern). Das Ei und den Vanilleextrakt dazugeben und verrühren. Der Teig sollte so dick sein, dass er einige Sekunden am Schneebesen haften bleibt.

03 Mehl, Natron und Salz dazusieben und mit einem Holzlöffel oder Spatel vorsichtig unterheben, bis nur noch wenige Mehlstreifen zu sehen sind. Die Schokochips gleichmäßig unterrühren. Die Schüssel mit Frischhaltefolie abdecken und mindestens 30 Minuten kalt stellen.

04 Etwa 1 Esslöffel Teig abnehmen und auf ein großes, antihaftbeschichtetes Backblech (siehe Seite 11) setzen. Den restlichen Teig ebenso verarbeiten (etwa 6 Cookies pro Blech). Der Abstand zwischen den Cookies sollte etwa 10 cm betragen.

05 Die Cookies 8–10 Minuten goldbraun backen. Frisch aus dem Backofen sind die Cookies noch dicker, werden beim Abkühlen aber flacher und bekommen einen welligen Rand. Etwa 20 Minuten auf dem Blech abkühlen lassen, dann auf ein Kuchengitter setzen und vollständig auskühlen lassen. Enjoy!

06 Die Cookies halten sich in einem luftdichten Behälter bei Zimmertemperatur 4 Tage.

REGISTER

D

E

F

G

H

J

K

L

M

N

O

P

Q

R

S

T

V

W

Z

DANK

An jeden einzelnen meiner Follower*innen und Freund*innen in den sozialen Medien ... danke! Ohne euch hätte ich dieses Buch nie geschrieben. Vielen Dank für eure Unterstützung – es ist einfach toll, dass ihr meine Rezepte nachbackt und mit Freund*innen und Familie teilt, und ich hoffe, ihr habt Spaß dabei.

Außerdem danke ich meinen großartigen Literaturagenten Eve White und Ludo Cinelli. Ab dem ersten Mal, als wir über das Buch – damals noch nur eine Idee – sprachen, habt ihr mich durch den ganzen Prozess hindurch begleitet, mehr Unterstützung hätte ich mir nicht wünschen können. Danke auch an Rachel Kenny, die mich in den sozialen Medien gefunden und mir zugetraut hat, ein Buch zu schreiben!

Mein Dank gilt Faith Mason für die wunderbaren Fotos. Sie hat meine Rezepte auf die schönste Weise zum Leben erweckt. Ich danke auch Katie Marshall, die die einzelnen Rezepte nachgekocht und dafür gesorgt hat, dass sie so lecker aussehen, und Faye Wears für die Beschaffung der perfekten Requisiten. Es waren lange Tage für uns, doch die Rezeptverkostungen haben das hoffentlich wieder wettgemacht.

Mein Dank geht an alle bei Ebury Press, vor allem an Laura Higginson, die an das Potenzial dieses Buches geglaubt hat, und an Emily Brickell für ihr grandioses Organisationstalent. Ohne euch hätte es niemals so gut geklappt.

Ich danke den begabten Nikki Dupin und Emma Wells von Nic&Lou für die tolle Gestaltung und die tollen Zeichnungen. Seite für Seite habt ihr ein aufregend buntes Buch erstellt, das Spaß macht – so wie ich es mir immer vorgestellt habe.

Ein Dankeschön auch an meinen Verlobten Bernie, die andere Hälfte von Fitwaffle und selbst ernannten Chef-Rezepttester. Bernie arbeitet hinter den Kulissen, ohne ihn gäbe es Fitwaffle nicht. Danke, dass du mir jederzeit mit Rat und Tat zur Seite stehst und mich auf dem Boden der Tatsachen hältst. Ohne dich hätte ich es nicht geschafft.

Und schließlich danke ich unseren beiden Familien dafür, dass sie uns bei unseren verrückten Ideen immer unterstützen!

Danke, Eloise x

1. Auflage

Die Originalausgabe erschien 2022 unter dem Titel »Fitwaffle´s Baking it easy.« bei Ebury Press
[First published as FITWAFFLE'S BAKING IT EASY in 2022 by Ebury Press, an imprint of Ebury Publishing. Ebury Publishing is part of the Penguin Random House group of companies.]

Foodstyling: Katie Marshall
Styling: Faye Wears
Layout: Emma Wells, Studio Nic&Lou

Projektleitung: Vanessa Silbermann
Übersetzung: Birgit Lamerz-Beckschäfer, Datteln und Ursula Fethke, Köln
Satz & Redaktion: booklab GmbH, München
Umschlaggestaltung für die deutschsprachige Ausgabe: OH, JA! (www.oh-ja.com) unter Verwendung eines Fotos von Faith Mason.
Herstellung: Elke Cramer
Druck & Bindung: Alföldi, Debrecen
Printed in Hungary

FSC www.fsc.org MIX Papier | Fördert gute Waldnutzung FSC® C010328

Penguin Random House Verlagsgruppe FSC® N001967

ISBN 978-3-517-10216-0
www.suedwest-verlag.de